David Lifar

Con los pies en la tierra y el corazón en el cielo

byblos

Paseo Colón 221, Buenos Aires, Argentina
www.edicionesb.com.ar

Impreso en Argentina / Printed in Argentine
ISBN: 987-1222-20-3
Depósito legal: Ley 11.723

Impreso por ARTES GRÁFICAS BUSCHI,
Ferré 2250, Buenos Aires, Argentina,
en el mes de julio de 2006.

David Lifar

Con los pies en la tierra y el corazón en el cielo

Cuando me desprendo de lo que soy,
llego a ser lo que podría ser.
Cuando me desprendo de lo que tengo,
recibo lo que necesito.

TAO TE-KING

Agradecimientos

A mi maestra y Madre espiritual Mataji Indra Devi, por haber ayudado a abrir en mí puertas que no sabía que existían. A Iana y Paula, mi eterno agradecimiento por su amor y comprensión a lo largo de todos estos años.

A mi querida editora, Marisa Tonezzer, por su desinteresada ayuda en la concreción de esta obra.

Prólogo

¿ESTE LIBRO ES PARA TI?

Cuando le pregunté hace unos años si creía que el yoga era para todos, Swami Satchidananda, a quien yo considero mi padre espiritual, me dijo que no creía que lo fuera.

—El yoga no es para aquellas personas que ya están iluminadas, pues éstas ya han alcanzado la perfecta sabiduría. Tampoco es para aquellas que están en la oscuridad y que quieren permanecer en ella —afirmó.

—Entonces, ¿para quién es el yoga? —inquirí.

—El yoga es para quienes están aún viviendo en conos de sombra, pero quieren encontrar la Luz.

De la misma manera, considero que este libro no es para todos, sino tan sólo para aquellos que intentan echar luz sobre las sombras de su vida. Quisiera que recordaran, además, que no importa cuán oscura sea la noche del alma, no estamos nunca solos. Si así lo deseamos, la divina protección nos acompaña siempre.

> Una noche, un hombre soñó que estaba en la playa caminando con el Señor, a quien oía pero no podía ver. A través del cielo, pasaban escenas de su vida y por cada escena que pasaba percibía que quedaban dos pares de huellas en la arena: las suyas y las de él, del Señor.
>
> Cuando la última escena de su vida pasó delante, miró hacia atrás y notó que muchas veces había

sólo un par de pisadas en la arena. Notó también que esto sucedía en coincidencia con los momentos más difíciles y angustiosos de su vida. Eso realmente lo perturbó y preguntó al Señor: "Señor, tú me dijiste que cuando yo resolviera seguirte, Tú andarías conmigo siempre, todo el camino, pero noté que en los peores momentos de mi vida había en la arena sólo un par de pisadas. No comprendo por qué me dejaste en las horas en que yo más te necesitaba".

El Señor le respondió: "Mi querido hijo, Yo te amo y jamás te dejaría en los momentos de tu sufrimiento. Cuando viste en la arena sólo un par de huellas, fue justamente allí donde te cargué en mis brazos".

La búsqueda

Conocerse a sí mismo es la iluminación
TAO TE-KING

Tenía sólo catorce años cuando sentí una enorme intriga por saber quién era Gandhi. Mi tía Estrella y su amiga Eda me ayudaron a aclarar mis ideas y comencé a dar los primeros pasos hacia el conocimiento de la filosofía de Oriente. Aunque a mi madre no le entusiasmara mucho la posibilidad de que yo me adentrara en sus misterios, nunca se opuso. El camino, pues, comenzó mucho antes de que yo fuera consciente de estar transitándolo. Después, la vida me apartó un poco de estas primeras tentativas y me fue llevando hacia las obligaciones típicas de cualquier joven: la facultad, las responsabilidades familiares, el trabajo. El primer cambio concreto sucedió en 1978, cuando me comprometí con la política para tratar de cambiar aspectos de la sociedad que, según mi visión juvenil, deterioraban el nivel de vida de la gente. Más tarde, integré un taller de ecología; visitábamos barrios humildes para transmitir a sus habitantes el valor de los recursos naturales y la manera de conservarlos.

En 1980 tuve una experiencia que me sacudió profundamente. Estaba veraneando en Punta del Este, en Uruguay, y una mañana, como tantas otras, salí a trotar por la playa. De pronto, tuve el impulso de subirme a una roca frente al mar. Cerré los ojos y sentí que la brisa marina envolvía mi cuerpo; fue como si Dios me estuviera acariciando. Me sentí pleno, contento, lleno de bríos. Esa mañana fue como si todas las fuerzas del Creador estuvieran concentradas en mí.

Transcurrieron las horas, y por la tarde, cuando ya el sol no estaba tan alto en el cielo, volví a la playa. El viento se había levantado y me protegí detrás de una carpa. Me senté en una silla, tomé el libro que llevaba para leer un rato y me dispuse a disfrutar de ese momento de paz. En ese instante comencé a sufrir una pequeña molestia en la cintura. Al principio no le di importancia. Traté de cambiar de posición, pensando que estaba mal sentado, pero el dolor no desapareció. Poco a poco, se fue intensificando, y luego de unos minutos se hizo insoportable. Me dispuse a volver a mi departamento, y apenas me pude incorporar. Lenta y penosamente conseguí llegar, y una vez allí, me desplomé sobre la cama, desesperado de dolor. Iana y su madre me atendieron, aplicando calor en la zona dolorida. En seguida llegó el médico con su diagnóstico: estaba sufriendo un cólico renal.

Superada la crisis, reflexioné. ¿Cómo puede ser que en un momento nos sintamos dueños del universo, totalmente plenos, criaturas privilegiadas del Creador, y en el siguiente —apenas habían transcurrido unas horas—, seamos tan débiles, tanto que podrían soplarnos y desapareceríamos de la faz de la Tierra? ¿Cómo es posible que en un mismo día se pueda pasar de la plenitud más absoluta a la impotencia más lastimosa?

Ese percance marcó un punto de inflexión en mi vida. Primero, comencé por cambiar mi dieta. El médico me informó que el problema se debía a un exceso de ácido úrico y que, por lo tanto, debía comer menos carne. Hasta entonces, yo había sido un gran carnívoro. Las carnes rojas y las achuras me encantaban y no podía privarme de mi bistec diario...

—Doctor, si no tengo que comer más carne, no como más —le dije, recordando todavía el suplicio de aquella tarde.

Pero él me respondió:

—Usted es un exagerado. Si le doy una pastillita, usted no tiene por qué privarse de comer carne, sino moderar su ingesta.

—Doctor, tengo veintiocho años. ¡No quiero depender el resto de mi vida de una pastilla! Voy a tratar de depender de mí mismo...

Y a partir de ese día, dejé de comer carnes rojas.

Dos años después, también dejé de comer pollo cuando me enteré de que los animales que recibían hormonas concentraban en sus hígados una gran cantidad de sustancias cancerígenas, las que finalmente ingeríamos.

Durante los veranos, por la mañana bien temprano, solíamos hacer con Iana caminatas por la playa, al cabo de las cuales comprábamos el pescado fresco que los pescadores traían en sus barcas. Varios años más tarde, después de nuestro habitual paseo, fui a comprar el pescado fresco en la playa; el pescador tomó un pescado vivo de su balde y lo mató allí mismo, delante de mí. Con el canto del cuchillo le pegó en la cabeza, salpicando materia y sangre sobre la arena. Esto me causó una fuerte impresión. Tomé el pescado con un papel y se lo llevé a la mamá de Iana para que lo preparara, mientras le decía: "Le traje el pescado, pero yo hoy no lo como". A partir de ese día, nunca más comí pescado.

Un segundo punto de inflexión fue la enfermedad de Iana en el año 1981. Éramos muy jóvenes, padres de una niña de seis años, y me di cuenta de que la juventud no es garantía de nada y de que a cualquier persona la puede rozar la muerte. Ése fue el caso de Iana, una mujer fuerte y saludable, que de un día para el otro sufrió una crisis aguda que la dejó, en ese momento, muy limitada físicamente. Los médicos le dijeron que iba a rendir sólo un treinta o cuarenta por ciento de sus posibilidades normales. Como consecuencia de este diagnóstico, Iana cayó en una leve depresión. Se preguntaba: "¿Por qué a mí, si yo no hice nada malo?".

—¿Cuánto es lo que te queda para disfrutar? —le pregunté a Iana.

—Los médicos dicen que un treinta o cuarenta por ciento de lo que disfrutaría si mi cuerpo estuviera sano —me respondió.

Le volví a preguntar:

—¿Y cuánto es el treinta por ciento del infinito?

Cada segundo de nuestras vidas puede ser infinito. Infinito en posibilidades, infinito en oportunidades.

—Entonces —le dije—, ¿por qué no te propones disfrutar de lo que la vida te sigue dando?

Así fue como empezamos a vivir con mayor intensidad. Con el tiempo, nos enteramos de que ese mal que, al parecer, iba a ser irremediable, se había revertido y hoy Iana es una mujer sana y con un espíritu optimista. A esto se sumó un acontecimiento que sería fundamental en nuestras vidas, y que daría forma a una nueva visión de cómo vivir mejor. Tuvo lugar en el año 1982, cuando conocimos a Indra Devi.

Mataji, mi maestra

Mataji Indra Devi nació en Rusia el 12 de mayo de 1899, y en ese entonces se llamaba Eugenia Peterson. Su madre perteneció a la nobleza rusa y su padre era de origen sueco. Atraída por la cultura y la espiritualidad de la India, se radicó allí en 1927.

Debido a una dolencia cardíaca, comenzó su entrenamiento de yoga. Su curación definitiva gracias a este arte la llevó a dedicarse por entero primero a su práctica y luego a su enseñanza, hasta convertirse en "la primera dama del yoga", la primera occidental en impartir este tipo de conocimientos. Ya había adoptado el nombre Indra Devi, que significa Diosa del Firmamento...

En 1939 viajó a China y abrió en Shangai la primera escuela de yoga en ese país.

Tras la segunda guerra mundial regresó a la India, donde dio conferencias sobre esta milenaria ciencia. Allí conoció a personalidades como Jawaharlal Nehru, Mahatma Gandhi y el poeta Rabindranath Tagore, entre otros.

Años más tarde llegó a California, y comenzó a dar clases y conferencias de yoga en Hollywood. Entre sus alumnos se contaron Greta Garbo y Gloria Swanson, a quien dedicó uno de sus libros.

Mataji Indra Devi —Mataji, que significa Madrecita, es un tratamiento respetuoso— viajó a Argentina por primera vez en 1982. Se enamoró tanto de este país y de su gente que, tiempo después, decidió radicarse en Buenos Aires.

A partir de entonces, colaboró con distintas instituciones de bien público, fundaciones y organizaciones no gubernamentales (ONG), no sólo desde el punto de vista intelectual y espiritual, sino material.

Recorrió los Estados Unidos, Europa, varios países de América latina y también el territorio argentino dando charlas, conferencias y seminarios sobre los beneficios del yoga como arte y ciencia de vida. En 1993 fue invitada por las Naciones Unidas y en 1994 regresó a Rusia —que en ese entonces formaba parte de la Unión Soviética— de visita.

El 8 de marzo de 1999, con motivo de la celebración del Día Internacional de la Mujer y por iniciativa de la diputada Dulce Granados, fue homenajeada en una cálida ceremonia realizada en el Congreso de la Nación Argentina, por la labor realizada en defensa de principios tan nobles como el Amor, la Luz y la Paz.

Conocí a Indra Devi por primera vez en 1982. Al principio, sólo fue Iana —que también nació en Rusia— quien se dispuso a escuchar a Mataji; yo estaba en ese momento enfrascado en otras ocupaciones. Además, desconfiaba de Mataji, y no sentía ninguna afinidad con lo que decía. Mi existencia estaba basada en una concepción materialista de la vida: éramos todos productos de la casualidad, de un encuentro azaroso de células. Sólo confiaba en aquello que podía tocar, sentir, saborear y ver. Pero ella insistía en que habíamos sido creados a imagen y semejanza de Dios y que dentro de cada uno mora la chispa de la divinidad. A mí todo esto me sonaba a poesía, a una expresión de deseo, de buena voluntad. No podía percibir la fuerza invisible que nos mantiene vivos. Cuando Mataji hacía transmisión de energías a aquella gente que no se sentía bien, yo lo consideraba un acto de brujería en el que no me quería ver involucrado.

Cinco años después, por casualidad y ya habiendo cambiado un poco mi parecer con respecto a ella, acompañé a Mataji a Punta del Este, a visitar una cárcel en Maldonado.Yo no tenía muchas ganas de ir; como muchas personas, tenía mis prejuicios contra estas instituciones pues creía que la gente que terminaba allí ya no tenía remedio. Y sin embargo, la experiencia con Mataji me hizo ver que en aquellos hombres el resplandor de Dios puede brillar tanto como en cualquier otro hombre o mujer.

Corría el mes de febrero de 1987 cuando hicimos nuestra visita. Al entrar, me di cuenta en seguida de que los internos habían sido obligados a asistir a la charla de Mataji. Pude ver el escepticismo en sus caras y el desgano en la posición de sus cuerpos. Se resistían a mostrarse interesados.

Entonces, llegó el momento de probar la fuerza de la palabra. Mataji llamó a uno de ellos para que pasara al frente y le pidió que subiera los brazos al costado del cuerpo hasta la altura de los hombros; luego comenzó a decirle:

—Usted es una persona buena, generosa, todos lo quieren, los niños lo adoran, los grandes lo admiran, tiene el respeto de todos.

Acto seguido, Mataji se colgó de uno de los brazos con sus manos e intentó bajarlo, pero no pudo.

Luego le pidió que mantuviera los brazos en alto. Se disculpó por lo que iba a decir y comenzó a denostado:

—Usted es un hombre malo, egoísta, que no vale nada. Pega a los niños, maltrata a los animales, es repelente para las mujeres. Nadie lo quiere; terminará solo y triste.

Luego intentó bajarle los brazos, y esta vez lo hizo con suma facilidad, ya que el hombre parecía no poder resistirse. Los demás internos no daban crédito a sus ojos. ¿Cómo era posible que Mataji, una anciana de casi ochenta y ocho años, hubiera podido ganarle en fuerzas a un hombre corpulento?

Entonces decidieron mandar a un hombre fornido, el más grandote del grupo, para demostrar que había sido una casualidad. Pero cuando Mataji repitió la prueba, también le bajó los brazos al gigante. El hombre no lo podía creer y le pidió que lo hiciera nuevamente. Insistiendo con los improperios y las críticas, ella lo logró una vez más.

A partir de ese momento, se ganó el respeto de todos y pudo continuar la charla. La curiosidad y el interés de los asistentes era ahora evidente.

Cuando concluyó su explicación, invitó a los internos a pasar a un pequeño patio que había en el penal para hacer una clase de yoga. Había una calma absoluta, una tranquilidad dulce, y un clima incuestionable de amor. Mataji les hizo hacer un ejercicio de relajación, que concluyó con una corta meditación guiada, finalizando con estas palabras:

Yo soy la Luz
Yo soy la Paz
Yo tengo la chispa divina en mi corazón
Y no tengo miedo de nada ni de nadie.

Luego se acercó a ellos para abrazarlos y darles un beso, uno por uno. A medida que se apartaba de cada hombre, noté que sus ojos se llenaban de lágrimas. Por un instante pensé que estaba en algún otro lado, que no se trataba de una experiencia terrenal, y mucho menos de una situación vivida en un penal. Fue como si una energía muy intensa se apoderara del lugar, como si nos envolviera una nube y el Creador se estuviera expresando a través de lndra Devi. Ella había atraído esa energía maravillosa y ahora su poder fluía entre nosotros. En ese momento, sentí por primera vez la presencia real de Dios y me estremecí profundamente todo. Cuando salí de allí, dije sin vacilar:

—Mataji, quiero colaborar con usted.

Ella me respondió:

—David, usted ya está colaborando conmigo.

Después de sólo un mes de estar trabajando con ella, le confesé: "Mataji, usted ha abierto puertas en mí que no sabía que existían... y ahora que se han abierto, no quiero que se cierren nunca mas".

Supe que tenía una maestra, una maestra extraordinaria. Supe que había una forma de encarar la vida que era distinta de la manera en que la estaba viviendo. Fue Mataji quien me ayudó a cambiar el paradigma por el cual todo lo justificaba de forma racional. Era finalmente consciente de que tenía que reflejar la chispa de la divinidad que habita en mi interior, como en el de cada ser humano. Gracias a ella, aprendí a aceptar el misterio, a reconocerme hijo del Creador y a fijarme metas que me comprometieran como tal.

Muchas veces, mi maestra nos pedía que nos sentáramos frente a un espejo y nos preguntaba: "En este mismo instante, contemplando nuestra imagen, ¿podemos decir que reflejamos a Dios?". Y me daba cuenta de que aún estaba muy lejos de hacerlo. Era el momento, entonces, de hacer un cambio y tratar de vivir de otra manera.

A menudo, nos olvidamos de nuestra esencia y nos vamos alejando cada vez más de ella. Es como si hubiéramos puesto esa imagen dentro de un baúl y fuéramos poniendo otras cosas sobre ella, dejándola prácticamente sepultada. Cuando abrimos el cofre, y vamos a buscarla, no la vemos; vemos solamente aquello que hemos puesto en última instancia. A partir de la práctica de yoga Total, a través de la meditación y la toma de conciencia de cada acto que realizamos, vamos quitando cada una de las capas de oscuridad que nos recubren hasta dar con nuestra verdadera esencia.

Cuando le preguntaban a Mataji: "¿Hasta un asesino tiene la chispa divina?", ella explicaba: "Sí, aunque la tiene muy tapada... Supóngase que ponen una luz en el corazón de un repollo. ¿Ustedes pueden ver la luz desde afuera? No, pero cuando van sacando hoja por hoja, esa luz que está en el medio del repollo comienza a resplandecer. Lo mismo sucede en el ser humano: a medida que va mejorando sus actitudes, sus pensamientos, su forma de expresarse, la luz comienza a brillar en él".

Cuando somos conscientes de que estamos hechos a imagen y semejanza del Creador, dejamos de preocuparnos por pequeñeces y ponemos la mira en las alturas.

Tú, que eres un ser humano, eres mi milagro. Y eres fuerte, capaz, inteligente y colmado de dones y talentos. Entusiásmate con ellos. Reconócete. Acéptate. Anímate. Y piensa que desde este momento puedes cambiar tu vida para bien. Si te lo propones y te llenas de entusiasmo y, sobre todo, si te das cuenta de toda la felicidad que puedes conseguir con sólo desearlo.

Eres mi creación más grande. No temas comenzar una nueva vida. No te lamentes nunca. No te quejes. No te atormentes. No te deprimas.

¿Cómo puedes temer si eres mi milagro? Estás dotado de poderes desconocidos para todas las criaturas del universo. Eres único. Nadie es igual a ti. Te hice perfecto. Sólo en ti está aceptar el camino de la felicidad y enfrentarlo y seguir siempre adelante. Hasta el fin. Simplemente porque te hice libre. En ti está el poder de no atarte a las cosas. Las cosas no hacen la felicidad. Te hice perfecto para que aprovecharas tu capacidad y no para que te destruyeras.

Te di el poder de pensar. Te di el poder de hablar. Te di el poder de amar. Te di el poder de decidir. Te di el poder de sonreír. Te di el poder de imaginar. Te di el poder de planear. Te di el poder de crear.

Te di el poder de rezar. Y te seguí por encima de los ángeles cuando te di el poder de elección. Te di el dominio de elegir tu propio destino usando tu voluntad.

Porque eres mi milagro, usa tus dones y cambia tu medio ambiente, contagiando esperanza y optimismo sin temor, porque yo estoy siempre a tu lado.

Te besa,

Dios

Apenas dejé la actividad comercial con mi padre, fecha que quedará grabada por siempre en mi memoria —30 de junio de 1990—, realizamos una gira con Mataji por la costa occidental de los Estados Unidos. En un viaje de Seattle a Los Ángeles, tuve una nueva visión al mirar por la ventana del avión. Sentí que éramos como tres ángeles, Mataji, Iana y yo, volando sobre las nubes y llevando la energía divina que fluía a través nuestro a la gente que más la necesitaba. No es que sintiera que estábamos reemplazando a Dios, pero sí que éramos conductores por donde pasaba esa energía divina. Todos al mundo venimos con ciertas capacidades y lo único que tenemos que hacer es conectarnos con la Fuente de Energía Suprema para llevarla a otros.

El viaje por la vida

Identificar el propio camino con el del maestro produce la pérdida de identidad. Por eso, y con las prevenciones de Mataji, comencé la búsqueda de mi propio recorrido espiritual, para adaptar a mi vida lo que ella nos enseñaba. Las siguientes palabras de Louise Hay nos recuerdan que es uno quien debe decidir cuál es el rumbo que debe seguir y no confundirlo jamás con el del maestro:

No quiero que me sigas por el camino que yo recorro en busca de la meta.

Sigue tu propio camino, el camino que tú mismo has determinado, el que se corresponde con tus inclinaciones más íntimas.

Nunca aceptes una afirmación sólo porque ésta procede de mí. Aunque sea cien veces verdadera, no es, sin embargo, TU verdad, no es TU experiencia, y por tanto no te pertenece.

Haz realidad la verdad, sólo entonces te pertenecerá. Deja que la vida de aquellos que han hecho realidad la verdad sea tan sólo una prueba de que es posible alcanzar la meta.

En una travesía por mar no hay una ruta fija, delineada, que nos lleve de un punto al otro. Cuando navegamos, nos vamos fijando un derrotero nuevo en cada etapa del viaje. Lo mismo sucede en el campo espiritual: no hay un camino que nos indique cómo llegar, sino que tenemos que ir adecuándonos a las circunstancias. Somos como timoneles de un barco que tenemos que aprender a navegar por el océano de la existencia. No es fácil: a veces soportamos tempestades, a veces el viento viene de frente y dificulta nuestro avance. Entonces, ¿cómo procede el navegante? El que conduce una embarcación comienza a tirar bordes (navegar en zig-zag) para llegar a destino, aprovechando el viento para alcanzar puntos intermedios e ir acercándose a su meta. El camino puede hacerse más largo, más dificultoso, pero a pesar de ello, el navegante que persevera arriba a su meta. Esto mismo sucede en la vida: a veces parece que todas las cosas nos vienen en contra y que quieren alejarnos de nuestro objetivo. Entonces, ¿qué hacer? Si queremos llegar directamente, no lo haremos jamás. Igual que en el mar, hay que tirar bordes. Fijarse puntos intermedios para ir avanzando gradualmente. El sabio es aquel que puede mantener el equilibrio y le da la bienvenida a las olas porque sabe cómo navegarlas.

El navegante se guía, además, por ciertos instrumentos: la brújula, la escuadra, el compás, las boyas, los faros y las estrellas. La brújula, la escuadra y el compás son aquellas enseñanzas que nos han transmitido nuestros padres y seres queridos desde nuestra más tierna infancia y que forman la base de nuestro conocimiento. Las boyas y los faros son las personas en las que confiamos y que están a nuestro nivel: un amigo, un hermano o un compañero de trabajo. Y las estrellas son aquellos maestros que han pasado y dejado su mensaje como una estela de luz que aún hoy sigue brillando.Y esa Luz brilla especialmente en la oscuridad. Cuando uno tiene dudas y está pasando por un período oscuro de su existencia, puede recurrir a esas estrellas para iluminar el recorrido. Por último, en la travesía, como en la vida, algunos son más constantes, deciden adónde quieren ir y ponen la proa hacia ese destino. Otros no tienen una meta clara y van a la deriva.

En los tiempos actuales, es muy difícil encaminar la vida. Cada vez se hace más arduo mantener ciertos valores y principios. Son muchas las tentaciones, y quienes nos rodean no siempre tienen las cosas claras. Permanentemente recibimos influencias contrarias a nuestras creencias. Muchas veces sucede que lo que entra a través de nuestros sentidos perturba los principios sobre los que se asienta nuestra vida, y son tantos quienes lo dicen que al final parecería que tuvieran razón. Pero uno tiene que tener la suficiente claridad como para tamizar la realidad. Como el buscador de oro que en el río recoge piedras del agua y separa el oro de la arena. Éste es el trabajo que tenemos que realizar nosotros: saber discriminar, en cada mensaje, dónde están las piedras y dónde está el oro, para quedarnos sólo con lo valioso.

En una oportunidad, estaba con una persona que me presionó para hacer algo que *yo* no quería hacer. Fui enfático: "Mira, esto no lo haré porque no está de acuerdo con mi conciencia". "¡Pero si todo el mundo lo hace...!", me aseguró. Creía que como la mayoría lo hace, esa acción se volvía buena automáticamente.

Lo más importante que debe hacer una persona es escuchar su conciencia. A veces, es necesario apagar la radio, bajar la televisión, cerrar el diario, tapar los oídos para no escuchar a los otros y así escuchar la voz interna que nos dice: "Esto está bien" o "Esto no está bien".

Soy el dueño de mis elecciones y de mis acciones.
Soy el que elige el modo de utilizar mi tiempo.
Soy el dueño del nivel de conciencia que aplico a mi trabajo.
Soy el dueño del cuidado o la falta de cuidado
con que trato a mi cuerpo.
Soy el dueño de mantener relaciones que decido entablar
o en las que elijo permanecer.
Soy el que elige cómo tratar a los demás.
Soy el dueño del significado que doy
o que dejo de dar a mi existencia.
Soy el dueño y el autor de mi felicidad.
Soy el dueño de mi vida en lo material,
en lo emocional y en lo espiritual.

Qué es el yoga

La energía infinita está a disposición del hombre,
siempre que sepa cómo conseguirla, lo cual es
una parte de la ciencia del yoga.

Adam Beck, *The Story of Philosophy*

He mencionado al yoga, y a lo largo de este libro lo mencionaré muchas otras veces. Para aquellos que no se hayan acercado antes a lo que llamo "arte y ciencia de vida", va esta breve explicación.

El yoga es la ciencia que proporciona al ser humano el conocimiento de su verdadero Ser. Mucha gente sigue creyendo todavía que el yoga es una religión, y otros lo identifican únicamente con un conjunto de ejercicios físicos y posturas. A veces se lo relaciona con la adivinación, con el espiritismo, con el hipnotismo... En realidad, el yoga es una filosofla, una ciencia, un arte y una forma de vivir. Es también un método, un sistema para lograr el desarrollo físico, mental y espiritual.

El yoga tuvo su origen en la India hace miles de años. Según el profesor alemán Max Müller, tiene unos 6.000 años de edad, pero otras fuentes dan a entender que es mucho más antiguo.

Las posturas del yoga y los ejercicios de respiración y relajación pueden ser practicados por cualquiera que desee mejorar su estado físico y mental.

El yoga tiene numerosas ramas o divisiones, pero el objetivo de todas es el mismo: conseguir la unión con la Conciencia Suprema. La palabra yoga deriva de la raíz sánscrita *yuj*, que significa unirse, o unión. El objeto de todos los yogas es vincular al hombre, lo finito, con el Infinito, con la Conciencia Cósmica, con la Verdad, con Dios, con la Luz o como quiera llamarse la Última Realidad. El yoga, como dicen en la India, es un matrimonio del espíritu con la materia.

Primera Parte

PIENSA QUE PUEDES Y PODRÁS

1

DESPIERTA Y DATE CUENTA

¿Cómo comienza el camino? El primer paso es despertarnos del suave letargo en el que estamos sumergidos y darnos cuenta. Darnos cuenta de que la vida no es solamente cumplir con un trabajo, con exigencias y compromisos. Es algo más que el conjunto de necesidades externas que nos mueven a hacer muchas de las cosas que hacemos. Existen obligaciones internas aún más importantes. Pero muchas veces nos desarrollamos solamente hacia fuera, tratando de ocuparnos de todo lo que se nos presenta, y nos olvidamos de mirar hacia dentro.

Esto me hace recordar la época en que trabajaba en el negocio de mi padre. Él tenía a su cargo una empresa dedicada a fabricar y comercializar productos, y a pesar de que no era el trabajo que yo habría elegido, sentía una obligación moral con mis padres y, además, tenía una familia que mantener. Mis amigos me decían: "David, tú estás fuera de lugar allí. Deberías dedicarte a otra cosa". Pero yo sabía que debía cumplir con mis compromisos familiares, que no podía darles la espalda.

Así, trabajaba en lo que me correspondía, aunque siempre intentaba hallar el lado creativo a mis tareas, para satisfacer aunque fuera una pequeña parte de mis necesidades internas. Por ejemplo, lo que más me gustaba era el contacto con la gente. Procuré, entonces, encargarme de las relaciones públicas con clientes y proveedores. Este pequeño nicho que supe encontrar me permitía sobrellevar la falta de inclinación natural que sentía por esa ocupación. Mientras tanto, seguía buscando alguna actividad con la que tuviera más afinidad para complementar mi trabajo.

Siempre tuve el sueño, la imperiosa necesidad de construir una sociedad mejor, un mundo más humano; no quería que mi vida pasara en vano. Veía que la gente se entregaba a sus obligaciones, a sus compromisos externos, y se olvidaba de las potencialidades con las que nacía; yo no quería terminar de esa manera. Por eso, me dediqué a la política: parecía la actividad que mejor canalizaba mis inquietudes y que, a la vez, podía complementar con el trabajo que realizaba con mi familia. En ese ámbito pude encontrar la paz interior que perdía tras las duras decisiones que debía tomar todos los días en el negocio.

> El deber de un hombre puede ser servir a la comunidad trabajando como un barrendero, el de otro puede ser trabajar como contable. El trabajo de un contable puede parecer más atrayente, pero esto no significa que el barrendero deba despreciar su trabajo. Si se deja arrastrar, se perderá él mismo y no servirá a la comunidad. El trabajo del hombre será juzgado por Dios según el espíritu con que es realizado y no por su naturaleza. No existe un trabajo honesto menos digno que otro. El que actúa con un espíritu de dedicación se prepara para la salvación.
>
> DEL *BHAGAVAD GITA*, SEGÚN GANDHI

2

TEN CONFIANZA EN TÍ MISMO

Cuántas veces escuché a Mataji relatar el siguiente cuento del Bhagavad Gita, y cuántas veces, mientras ella lo hacía, me sentí reflejado en él:

Había una vez una familia de patos que vivía en un estanque. La madre pata estaba empollando huevos, cuando de pronto apareció un huevo totalmente distinto a los que tenía. "¡Qué huevo grande y diferente es éste!", se dijo. Pero decidió continuar empollándolo junto a los demás.

Al cabo de un tiempo, los patitos salieron al mundo, todos amarillos salvo uno, el que provenía del huevo diferente: éste era negro y más grande; no parecía provenir de la misma familia que los patos. ¡Y es que en realidad se trataba de un águila!

El águila se crió junto a los patitos y cada tanto se acercaba a la madre pata y le decía: "Mamá, ¡quiero volar!". Pero la pata le respondía: "Los patos no vuelan". El águila insistía, pero la pata le volvía a repetir: "Los patos no vuelan".

Pasó un tiempo. El águila siguió viviendo junto a los patos, comiendo de la misma comida y criándose de la misma manera, hasta que un día, ya adulto, le dijo una vez más a su madre: "Mamá, ¡quiero volar!".Y una vez más, la pata le volvió a contestar:" ¿Cuántas veces te voy a decir que los patos no vuelan?".

Y esa águila nunca voló.

Cuando trabajaba con mi familia, yo también comprendía, por momentos, que no me estaba dando la oportunidad de volar por mí mismo. El miedo y la enorme responsabilidad que ello implicaba me asustaban. Hasta que conocí a Mataji. A medida que la escuchaba, fui reviviendo el coraje necesario que finalmente me permitió desplegar las alas y levantar vuelo.

Poco después de dejar el negocio de mi padre para dedicarme totalmente a las actividades con Mataji, mi padre se encontró con ella y le dijo:

—Usted me quitó a mi hijo.

Pero ella le respondió:

—En cinco años usted estará orgulloso de él.

No habían pasado aún los cinco años, cuando organizamos el Primer Congreso Internacional de Yoga y vino a visitarnos Swami Satchidananda. En ese momento, mi padre se reconcilió completamente con la idea de que yo me dedicara a esta nueva actividad. Estaba tan contento de lo que yo era capaz de hacer al lado de Mataji, que se olvidó de que había perdido a su hijo corno socio en los negocios y comenzó a sentirse orgulloso de que me estuviera realizando corno ser humano en otro campo. Hoy, la relación con mi padre es excelente. Él me respeta y yo siento por él una enorme admiración y una inmensa gratitud.

3

HAZTE LIBRE Y GRANDE

No cedas al fatalismo; te inducirá a la inercia y a la pereza. Reconoce los grandes poderes del pensamiento y la fuerza que tienen. Utiliza tu creatividad, tu imaginación, esfuérzate. Procúrate un destino grandioso por medio del pensamiento recto. Si siembras una acción, cosecharás un hábito. Si cultivas un hábito, tendrás un carácter. Si cultivas un carácter, cosecharás tu propio destino. El ser humano es el dueño de su propio destino. Tú mismo, por el poder de tu pensamiento, descubrirás las energías y poderes que están latentes dentro de ti. Desarróllalos y hazte libre y grande.

SWAMI SIVANANDA

A menudo, recién nos damos cuenta de que tenemos que hacernos cargo de nosotros mismos cuando sufrimos un golpe: puede ser la pérdida de un ser querido, una enfermedad grave o una desilusión en nuestra profesión. En cualquiera de estos casos, sufrimos un sacudón y estamos obligados a mirarnos más detenidamente. Después de mi enfermedad, también yo tuve que examinar mi vida más de cerca. Tuve la sensación de que era muy frágil, tan frágil como un objeto de cristal. Y en ese momento pude comprobar que hay muchas cosas que no dependen de nosotros, que no podemos cambiar y que debemos aprender a aceptar.

Señor, concédeme la serenidad para aceptar
las cosas que no puedo cambiar,
el valor para cambiar las que sí puedo,
y la sabiduría para reconocer la diferencia entre ambas.

San Francisco de Asís

Frente a cada situación difícil, hay que preguntarse: "¿Esto depende de mí o no?". Porque muchas veces tratamos de cambiar cosas que no pueden ser cambiadas o que no está a nuestro alcance cambiar. Y nuestro tiempo de vida se va perdiendo en la preocupación que ponemos para cambiar lo que no tiene remedio. A menudo, pido a los alumnos que reflexionen sobre nuestro tiempo de vida, el único bien no renovable que tenemos. A medida que pasa el tiempo, se va cotizando cada vez más. Cuando somos pequeños, pensamos que el tiempo es un bien abundante. Pero cuando vamos envejeciendo, nos urge no malgastarlo. ¿Cuánto tiempo estamos dilapidando hoy mismo tratando de cambiar algo que no tiene solución? Y entonces, cuando tomamos real conciencia de lo precioso que es cada día, dejamos de dedicarle tanto tiempo a aquellas cosas que no podemos cambiar y comenzamos a enfocar más nuestra acción y dedicación a aquellas cosas que sí dependen de nosotros. Esto me hace acordar a un chiste que siempre relataba Mataji:

Había dos mujeres que eran amigas y estaban conversando:

—¿Cómo estás? —le preguntó una.

—¿Qué puedo decirte? —le respondió la otra—. Terrible. Me llevo muy mal con mi esposo, discutimos constantemente y ya estoy cansada de esta situación.

—¿Y por qué te llevas tan mal con él?

—Es que quiere meterse en todas las cosas, opina sobre todo lo que sucede en nuestra casa, y siempre está controlándolo todo...

—Ah, yo en cambio con mi esposo tengo un arreglo perfecto.

—¿Cómo? ¿Qué tipo de arreglo?

—Pues él se ocupa de las cosas importantes y yo de las cosas de todos los días.

—Pero, ¿cómo es eso?

—Es muy simple —le explicó su amiga—: él se ocupa de las cosas importantes como la posición que deberá tomar la Argentina ante un conflicto bélico o de si el Fondo Monetario debe prestarle dinero a tal o cual país o si la Guerra de las Galaxias está bien encaminada.

—Y entonces, ¿tú de qué te ocupas?

—Es claro: yo me ocupo de las cosas pequeñas como del alquiler de la casa, de la compra del auto, del colegio de los niños, de si hay que cambiar la nevera... —y siguió enumerando una larga lista de responsabilidades.

Mientras el esposo se ocupaba de todo lo que no podía cambiar, esta mujer se dedicaba a las cosas que sí podía cambiar y esto es lo que las hacía verdaderamente importantes.

4

SIGUE TU PROPIO CAMINO

A veces, seguimos modas o nos dejamos llevar por lo que quieren los demás. Pero, ¿es esto lo que de verdad queremos para nosotros? ¿Es esto lo que nos hará felices? Cuando yo era joven, mi madre soñaba con que su hijo fuera contable. Tal vez influido por ella, comencé a estudiar contabilidad. Pero llegó un momento en que ya no pude continuar. Junté el valor para enfrentar a mi madre, y le dije: "Mamá, no voy a seguir más esta carrera porque no es lo que yo quiero". Ella se sintió desilusionada, pero yo experimenté una sensación de gran liberación. Por esa época conocí el yoga y comencé a adentrarme en su práctica. Buscaba, leía, estudiaba. No estaba satisfecho todavía. ¿Y qué pasó? Después de diez años, quise volver a estudiar. Lo curioso es que nunca hubiera imaginado que iba a volver a estudiar aquello que había dejado. Retomé mi carrera y pasé por los momentos más hermosos de mi vida de estudiante. Pero se trataba de mi elección; yo mismo había elegido lo que quería hacer. Ya no estudiaba por mis padres ni por el título, sino que lo hacía por mí mismo.

Antiguamente era habitual en el Japón usar faroles de papel, un papel sujeto por varas de bambú, que protegía una vela encendida. Sucedió que un ciego fue a visitar a un amigo y, como se hizo tarde, éste le ofreció un farol para que regresara a su casa. Esto hizo reír al ciego.

—Para mí es lo mismo el día que la noche —le dijo—. ¿Qué voy a hacer yo con un farol?

—Es verdad —contestó su amigo—; no necesitas ver el camino hacia tu casa. Pero el farol puede servirte para disuadir a alguien que quisiera atacarte en la oscuridad.

De modo que el ciego tomó el farol y salió. Al poco rato, alguien tropezó con él y le hizo perder el equilibrio.

—¡Eh! ¿Por qué no va con más cuidado, amigo? —gritó el ciego—. ¿Es que no ha visto el farol?

—Hermano —dijo el otro—, su farol está apagado.

Es más seguro andar con la propia oscuridad que con la luz de otro.

Si seguimos nuestro propio camino y nos equivocamos, podemos volver a empezar. Si existe alguna duda, podemos detenernos a pensar. Pero el camino debe ser el adecuado para cada persona.

5

TU MENTE ES UN ARMA PODEROSA

Dios le dio sólo al ser humano una mente capaz de razonar, pero éste a veces se olvida de usarla. Cuando un perro come un alimento en mal estado, no vuelve a repetir ese error. Pero el hombre puede comer algo que le sienta mal y después repetir el mismo error muchas veces en su vida. ¿Por qué insistimos en hacer algo que es malo para nosotros? Construimos edificios que casi pueden tocar el cielo y nos lanzamos al espacio para conquistar el cosmos, pero nos olvidamos de usar nuestra mente para ser mejores personas y ser felices. Cuando vemos la violencia y las guerras que se agitan en torno de nosotros, cabe preguntarse por la utilidad de la mente humana. Porque así como un arma sofisticada en manos inexpertas se vuelve en contra de quien la usa, también la mente es un instrumento poderoso que puede destruir la propia vida de quien la alberga y de quienes lo rodean.

Hace unos meses, había un bache en una calle cercana a mi casa y cada vez que pasaba, me olvidaba de que existía. Cada día, el auto se golpeaba más fuerte ya que, con el correr del tiempo, el hoyo se iba haciendo más grande. Y siempre me decía: "Mañana, cuando pase por aquí, lo recordaré". Pero al día siguiente, me olvidaba, y volvía a caer en él. Hasta que un día en que llovía torrencialmente, iba haciendo el mismo recorrido, y sin darme cuenta, nuevamente caí en el agujero.

Esta vez, estaba cubierto de agua y se había hecho tan grande que se reventó una llanta. Allí, en medio del temporal, tuve que cambiar el neumático. Recién entonces, abrumado por la frustración de verme empapado bajo la lluvia, me hice el firme propósito de no pasar nunca más por allí. Sólo que la próxima vez que pasé, observé que ya habían arreglado el bache.

Lo interesante de todo esto es que tuve que romper el neumático y esperar dos meses para ser capaz de hacer lo que me había propuesto. Cuando los animales caen en una trampa, aprenden a no caer nunca más en ella. Los seres humanos, en cambio, nos atamos tan fuertemente a una conducta, que aunque nos lastimemos, seguimos aferrados a ella.

El pensamiento tiene una notable influencia en nuestras vidas y su poder invisible pasa muchas veces inadvertido. Si observamos nuestros pensamientos a lo largo de unas horas tan sólo veremos cuán cargada de negatividad está nuestra mente. Dado que el pensamiento es el motor propulsor de nuestras acciones, según lo que pensemos, así actuaremos. Limpiar nuestra mente se asemeja al trabajo del jardinero que, pacientemente arranca las malezas que cubren las plantas e impiden apreciar la belleza de sus flores. El trabajo debe ser constante y diario, sin darnos tregua, ya que la maleza, como los pensamientos negativos, nunca cesa de brotar. Podemos limpiarla un día, y al día siguiente encontrarla de nuevo entre las plantas, más vigorosa que nunca. De igual manera, los pensamientos negativos afloran siempre, de muchas maneras, algunas muy sutiles. Hay que disciplinarse y aplicarse a un ejercicio diario para eliminarlos de la mente y evitar que enturbien nuestra forma de ver la vida. No debemos pelear violentamente contra ellos, sino ponerles freno con la indiferencia. Mataji recomienda trabajar con las repeticiones de los mantras, sonidos con poder y energía sanadora; con las afirmaciones, pensamientos positivos que tratamos de que echen raíces en la mente, y con la oración. En la medida en que nos apliquemos a ello, los pensamientos positivos prevalecerán.

6

DALE A TU MENTE EL LUGAR QUE LE CORRESPONDE

La mente tiene una fuerza enorme pero no es omnipotente. Su papel consiste en controlar, regular y equilibrar el resto del organismo. Pero el ser humano le atribuye a menudo demasiado poder, en parte porque gracias a ella hemos ido adquiriendo un dominio cada vez mayor del medio en el que vivimos. Los avances tecnológicos y los progresos en las ciencias nos han llevado a confiar en las capacidades ilimitadas de la mente. Ni corta ni perezosa, ésta se vuelve a veces una tirana.

Nuestro cerebro es uno de los órganos que integran nuestro cuerpo; es cierto que es uno de los más importantes, pero no el único. Y si no, recordemos que cuando una persona se encuentra en estado de coma, sus procesos vitales siguen funcionando. Recuerdo el caso de Karen Ann Quinlan, la joven que sufrió un accidente, entró en coma y vivió conectada a un respirador artificial durante años, hasta que sus padres decidieron desconectarla. Entonces, se produjo el milagro: Quinlan siguió viviendo, a pesar de que se le quitó el respirador, porque pudo respirar por sí misma. Había un mecanismo dentro de ella que decidió funcionar, a pesar de que su voluntad era totalmente ajena a ese proceso. Esto sucede porque a pesar de que la mente maneja nuestra vida, interpreta hacia dónde vamos y decide por dónde ir, hay momentos en los que deja de funcionar y el cuerpo sigue marchando igual: el corazón, los riñones, los pulmones siguen sus procesos porque forman parte de sistemas que desempeñan sus funciones de manera autónoma.

Me gusta comparar a nuestro cuerpo con un país, en el que cada estado es una parte diferente del cuerpo —independiente pero unida a las demás—. Cada una realiza sus funciones, pero hay alguien que las dirige y decide hacia dónde van todas juntas. Un gobernante puede respetar lo que sucede en cada provincia, pero debe tomar las decisiones que atañen al rumbo del país. Sin embargo, este gobernador a veces se convierte en déspota. Así también, tal como la mente, que cuando está tensa, cuando está nerviosa, cuando se excita, se lleva entre el ochenta y el noventa por ciento del oxígeno que necesita el cuerpo para vivir, y absorbe la mayor parte de las vitaminas y proteínas para sostener su estado de excitación. En estas ocasiones, es como un gobernador que cobra demasiados impuestos y deja pocos recursos para que el resto del país pueda marchar.

Muchas mentes son despóticas con el propio cuerpo; de otra manera, ¿cómo se explica que una persona fume, si el tabaco es nocivo para su organismo; o que se drogue, si eso aniquila poco a poco las células de su cerebro, o que ingiera alimentos que le quitan energía a su cuerpo? La mente busca, en esos casos, el placer momentáneo, satisfacer el deseo de los sentidos, sin importarle el costo que acarrea para todo el organismo. Cuando insiste en hacer algo perjudicial para el individuo, primero se producen bloqueos, y luego sobreviene la enfermedad.Y así como el que gobierna tiene que ayudar a que cada ciudad dé lo mejor de sí para que todo el país prospere, también la mente debe escuchar lo que le sucede al cuerpo y nunca tomar una decisión que no beneficie al conjunto de partes que lo integran.

Finalmente, para proceder bien, la mente necesita una formación adecuada, que no es lo mismo que recibir una cantidad indiscriminada de información. ¿Qué se logra con la acumulación de datos, si no hay una preparación adecuada para saber utilizarlos?

7

USA LA MENTE PARA CONQUISTAR TU VIDA

Hace poco, estaba enseñando en clase un ejercicio de respiración alternada: se trata de intentar inhalar el aire primero por una fosa nasal y luego por la otra. Normalmente, se utilizan los dedos de la mano para lograrlo: se bloquea una fosa nasal, mientras se inhala y exhala por la otra, y luego ésta se tapa, mientras se inhala y exhala por la primera. Pero esta vez, quise que realizaran el ejercicio sin ayuda de las manos, usando solamente el poder de la concentración. Después de algunos intentos, comprobé que muchos lo estaban logrando a pesar de la dificultad. Sin embargo, cuando les pregunté al final si habían podido hacerlo, uno de ellos me dijo:

—Yo sentí que lo hacía, pero debo de estar equivocado, pues no puedo explicar cómo pude manejar con mi mente la respiración a través de una sola fosa nasal.

—Pero, ¿tú has sentido que el aire ingresaba por una sola fosa nasal?

—Sí.

—Entonces, confía en tu percepción.

¡Cuántas veces pensamos que algo es imposible de conseguir, y luego lo logramos como por arte de magia! Pero no es magia... Es la mente que tiene la capacidad de desarrollarse hasta límites inconcebibles. ¡Si hasta los científicos dicen que el ser humano promedio no utiliza sino un porcentaje muy pequeño de sus capacidades mentales! Nuestro cerebro es como una gran computadora: año a año éstas se hacen más rápidas, más eficientes y más complejas. Lo mismo sucede con nuestra mente: si la capacitamos y ejercitamos debidamente, se vuelve más vigorosa y competente.

Cuando estudiaba, muchas veces debía detenerme ante complicados problemas a los cuales no encontraba una respuesta. En lugar de dejar el estudio, ponía esta dificultad de lado, como si la colocara en un archivo diferente de la computadora, y seguía adelante con otra cosa. Después, mientras me ocupaba de otro tema, aparecía la solución al problema que había quedado pendiente.

Recuerdo una historia que me contó mi hija Paula, que es médica, acerca de un paciente que entró en el hospital totalmente desahuciado. Había sufrido una parálisis y se hallaba sumido en una profunda depresión. Carecía de motivaciones para vivir y se había abandonado, no tenía fuerzas para luchar. Cuando Paula lo conoció, quedó profundamente apenada y se prometió a sí misma hacer algo por él. Empezó tratando de curarle las escaras, llagas dolorosas que se le habían formado por no moverse y dejar que el cuerpo estuviera en la misma posición durante horas. Trató las heridas con áloe vera y con melaza, una preparación que ella misma elaboraba con otra médica. Al día siguiente, notó los primeros cambios: la piel estaba más sana, las heridas más secas. Cuando se sintió mejor, el hombre cambió levemente su ánimo, aunque todavía se resistía a que lo movieran y se negaba a salir a dar una vuelta. A pesar de ello, Paula insistió y las enfermeras la apoyaron.

El día que entró en contacto con el sol, algo cambió en él y su mente decidió animar a su cuerpo a recuperarse. Después de tres semanas de esta rutina, pedía todas las mañanas que lo cambiaran, lo lavaran y lo sacaran a dar una vuelta por el jardín. ¡Cuánto pueden un poco de cariño y dedicación para cambiar el carácter, la motivación y las expectativas de una persona...! Parecía imposible que este hombre que estaba postrado, sin fe en una posible recuperación y sin deseos de vivir, cambiara totalmente su actitud, pero así lo hizo.

8

UTILIZA LA DISCIPLINA COMO UN MEDIO

Las corrientes pueden ser atravesadas mediante la fe.
Los océanos se franquean aplicando la diligencia.

SIDDARTHA GAUTAMA, EL BUDA

Muchas personas temen que ser disciplinadas les quitará libertad o les deparará una vida reprimida y sin alegría. Pero si no tenemos disciplina para alcanzar nuestras metas, ¿dónde estará la alegría? Si uno no tiene método, baja los brazos ante la primera adversidad y no llega a alcanzar jamás lo que se propuso. Una persona que quiere evolucionar tiene que actuar de acuerdo con ciertas normas y leyes que le dan una sentido a su acción; la disciplina le da el impulso para alcanzar las metas que se propone. y cuando hablo de disciplina no me refiero a rigidez, porque es uno mismo el que controla el grado de compromiso que debe asumir ante una situación, y el que distiende el rigor cuando la razón indica que es mejor cambiar de rumbo. En mi caso, a pesar de seguir una dieta vegetariana y sana, de vez en cuando me permito comer unas patatas fritas, unos huevos fritos o unas medialunas con dulce de leche. Estos pequeños deslices me hacen sentir que tengo libertad de elección y los disfruto sin remordimientos. Mataji siempre nos decía que la paz, la armonía y el crecimiento espiritual dependen de la actitud que tenemos frente a cada una de las circunstancias en nuestro diario vivir. La disciplina, entonces, es importante pero no es un fin en sí misma, sino un medio para alcanzar nuestros objetivos.

9

LA CONTINUIDAD ES LA CONDICIÓN PARA PRODUCIR LOS CAMBIOS

El esfuerzo de cada instante en tu trabajo es como el golpe del hacha sobre el tronco de un roble enorme. El primer golpe no causa al árbol el más leve temblor y tampoco el segundo ni el tercero. Cada golpe en sí mismo es insignificante en apariencia y al parece sin consecuencia. Sin embargo, como efecto de golpes continuos, el roble al fin caerá. Así, tus constantes esfuerzos de hoy y mañana, provocarán tus logros. Los intentos repetidos, perseverantes, hacen realidad empresas portentosas. La persistencia es la condición de la victoria final. Persistiendo en colocar un ladrillo tras otro levantarás un muro.

TIBERIO LÓPEZ FERNÁNDEZ,
366 *MARAVILLOSAS MOTIVACIONES*

Cuando los alumnos asisten por primera vez a una clase de yoga, se ponen muy ansiosos. Al principio, no notan grandes progresos y se preocupan. Quieren saber cuándo van a comenzar a percibir cambios, en qué momento les va a dejar de doler la espalda, cuándo se sentirán más relajados. Entonces les digo: "Ustedes vienen a la clase de yoga dos horas por semana, pero en las ciento sesenta y seis horas restantes ¿hacen algo más por ustedes?". De todas maneras, aunque sean dos las horas que vienen a clase, éstas actúan como dosis homeopáticas. Lentamente, esas dosis se potencian unas a otras en la medida en que hay continuidad y comienzan a percibirse los cambios. Por el contrario, si no hay persistencia en el trabajo, la persona en lugar de avanzar, retrocede. ¿Cuánto se demora en sentir los primeros beneficios? Depende de cada persona. Pero siempre les digo: "En veinticuatro horas van a comenzar a notar los primeros cambios". ¿Veinticuatro horas? ¿Tan pronto? Sí, pero veinticuatro horas de clases, es decir unos tres meses de práctica. Probablemente los de afuera, los que nos rodean, noten dichos cambios antes que nosotros mismos. Sin darnos cuenta, comenzamos a cambiar algunas actitudes, a actuar con mayor tranquilidad. Quizás en lugar de reaccionar con ira ante una eventualidad, mantengamos la calma. Pero el otro, que nos conoce desde siempre, pregunta asombrado: "¿Qué te pasa? ¡Hoy no me gritaste!". Es común también que comencemos a conciliar mejor el sueño y a dormir toda la noche sin interrupciones. Evidentemente, si se duerme mejor, se estará de mejor humor y se tendrá otra disposición para tratar a los demás.

10

SÉ CONSTANTE Y CONFÍA EN TI MISMO

Un cargador de agua en la India tenía dos grandes vasijas que colgaban a los extremos de un palo que llevaba encima de los hombros. Una de las vasijas tenía una grieta, mientras que la otra era perfecta. Cuando el cargador llegaba a su destino luego del largo camino a pie desde el arroyo, el cántaro sano entregaba toda el agua que contenía, mientras que el roto sólo entregaba la mitad.

Durante dos años completos esto sucedió a diario. Desde luego la vasija perfecta estaba muy orgullosa de sus logros, perfecta para los fines para la cual fue creada. Pero la pobre vasija agrietada estaba muy avergonzada de su propia imperfección y se sentía miserable porque sólo podía conseguir la mitad de lo que se suponía debía hacer.

Después de dos años, la vasija rota le habló al aguatero diciéndole:

—Estoy avergonzada de mí misma y me quiero disculpar contigo.

—¿Por qué? —le preguntó el aguador.

—Porque debido a mis grietas, sólo puedes entregar la mitad de mi carga y obtener la mitad del valor de lo que deberías ganar. Estoy haciendo que desperdicies la mitad de tu trabajo.

El aguatero se sintió muy apesadumbrado por la vasija y con gran compasión le dijo:

—No te preocupes —le dijo a la vasija—. Yo también pensaba lo mismo, y hasta había juntado un poco de plata para cambiarte, hasta que me di cuenta de que gracias a tus grietas, el agua estaba regando la tierra por donde caminaba. Entonces sembré semillas de flores a lo largo de todo el camino por donde tú vas regándolas todos los días. Durante dos años, he podido contemplar estas flores y mi trabajo se ha hecho más llevadero; además, he podido decorar el altar de mi maestro con estas flores. Sin ser exactamente como eres, él no hubiera tenido esa belleza sobre su mesa. Por eso, aunque haya juntado el dinero para cambiarte, te seguiré manteniendo.

En la gran economía de Dios, nada se desperdicia. Cada uno de nosotros tiene sus propias grietas, pero debemos permitirle al Creador utilizarlas para decorar su altar. Es posible verle el lado positivo a las limitaciones, a aquellos aspectos que creemos que no son buenos o que no están lo suficientemente pulidos.

¿Cuántas veces nos encontramos con una familia en la cual hay varios hermanos, y uno es considerado el más inteligente, el más vivo, el más talentoso, mientras que otro, como el más pasivo, el que tiene menos iniciativa y que parece que nunca va a llegar a ningún lado? Luego, cuando salen al ruedo, muchas veces sucede que el más astuto nunca llega a ningún lugar, y aquel en quien no creían tiene un trabajo que lo hace feliz, una familia que lo ama, y encontró la plenitud que todos buscan en la vida. A pesar de sus limitaciones, fue constante, confió en sí mismo, y llegó.

Lo importante en la pequeña historia de las vasijas es la actitud del individuo, que hizo su trabajo lo más llevadero posible porque el camino era muy arduo, y consideró el contemplar las flores como una recreación para su espíritu. El trabajo debe hacerse no sólo por el dinero, sino porque aporta algún placer. De esta manera se logra el equilibrio entre la materia y el espíritu.

11

CONQUISTA LO IMPOSIBLE

Empieza a hacer lo necesario, luego haz lo posible,
y pronto estarás haciendo lo imposible.

SAN FRANCISCO DE ASÍS

El ser humano no puede crear fuera de sí lo que no estuvo antes dentro de él: primero es preciso que lo conciba en su mente para luego proponerse alcanzarlo. Pero para fijarse metas, debe prepararse.

En la medida en que nos eduquemos y nos formemos, iremos superando nuestros propios límites. Como los corredores de los Juegos Olímpicos, que año a año mejoran los récords de competencias anteriores. Cuando parece que se ha llegado al límite de las posibilidades humanas, surge un nuevo atleta que rompe aquella marca.

Eso mismo sucede con nuestra capacidad mental: es ilimitada y depende solamente de las metas que nosotros mismos nos propongamos obtener. ¿Cuántas veces una enfermedad que parecía terminal se detiene y el individuo comienza a mejorar? Aquel otro que bajó la guardia ante la más mínima dificultad, sucumbe y es derrotado por la dolencia.

Los que llegan al final de la carrera, los que alcanzan sus objetivos, no son los que nunca se han caído, sino los que a pesar de haberlo hecho, volvieron a levantarse. De igual manera, el que nunca se ha caído, cuando caiga quizá no pueda levantarse, porque no está acostumbrado a hacerlo.

Recuerdo cuando Mataji realizó un viaje a la India a los ochenta y nueve años. Al bajar del avión en el aeropuerto de Trichi pisó mal y cayó sobre su codo, fracturándose el brazo. Inmediatamente, la llevaron al hospital y el médico le informó que debía operarse sin demora. Pero Mataji miró al doctor y le dijo de manera terminante:

—Doctor, yo no me voy a operar y voy a mover mi brazo.

El doctor, a su vez, le respondió con desaprobación:

—Señora, si usted no se opera, no podrá volver a usar su brazo nunca más.

Pero ella le anunció que se iba del hospital. Tuvo que suspender el viaje por el resto de la India y volver a México, pero no se operó. Al llegar a Tecate, la señora Rosita Pescetti la esperaba. Cuando llegó a su casa, Mataji tomó una tijera y cortó el yeso, liberándose de él. A partir de ese día, comenzó a rehabilitar los músculos de su brazo. Todos los días, lo ejercitaba tres o cuatro horas. Al principio, no lo podía levantar más que hasta la altura del pecho, y le era imposible hacer movimientos laterales. Pero luego de sólo ocho meses, recuperó el movimiento total de este miembro.

Al año siguiente, cuando volvió a la India, fue a visitar al mismo médico que la viera con el brazo roto y le dijo:

—Doctor, usted dijo que yo no iba a poder mover nunca más mi brazo, pero hoy quiero mostrarle algo.

Entonces, Mataji levantó su brazo e hizo todo tipo de movimientos, dejando al doctor maravillado.

—Señora —le dijo él—, usted pudo recuperar el movimiento de su brazo porque tiene una mente fuerte y la usa. Pero la mayoría de nuestros pacientes tiene una mente y no la usa, por eso necesitan de nosotros, los médicos. Y a veces ni aun así logran recuperarse.

Si pensamos que estamos vencidos, lo estaremos. Si tropezamos y nos convencemos de que somos torpes, lo seremos. Si nos caemos y creemos que no nos levantaremos, no lo haremos. Si pensamos en forma positiva, a veces seremos torpes, a veces caeremos, ya que somos humanos. Pero habremos dejado atrás un importante lastre, que seguramente nos llevaría a más caídas, a más fracasos.

Preguntémonos si lo que nos parece imposible, realmente lo es. Y propongámonos lo imposible, empezando a hacer lo necesario, como señala san Francisco de Asís. Y también William Shakespeare, el genial poeta y dramaturgo inglés, quien escribió: "Nuestras dudas son nuestros traidores, y nos hacen perder aquello que podríamos ganar, por temor a intentarlo".

Si avanzamos con confianza en dirección de nuestros sueños, y nos empeñamos en vivir la vida que imaginamos, muchos "imposibles" quedarán a un lado del camino.

12

CREA UN CAMPO ENERGÉTICO FAVORABLE

Cuando una persona pierde la tranquilidad, deja de ser objetiva y empieza a derramar esa intranquilidad a su alrededor. Recuerdo la experiencia de un instructor de yoga de la Fundación. Cuando aún era estudiante, este joven había estado dando clases gratuitas en nuestro centro del barrio de Belgrano a modo de práctica. Su turno estaba colmado de gente. Era tal su éxito, que cuando salían, los alumnos le decían: "Cuando tengas tu propio turno, tomaremos clases contigo". Esto se repetía luego de cada clase.

Después de que se graduó, decidimos darle el horario de las nueve de la noche en la nueva sede que acabábamos de abrir. Cuando apareció para dar su primera clase, la sala estaba vacía. Pero, lleno de confianza, el joven se acercó a la secretaria y, frotándose las manos, le dijo:

—No se preocupe; este turno lo llenaremos enseguida. Tengo muchos alumnos que me siguen.

Cuando volvió a la clase siguiente, listo para comenzar, comprobó que aún no había llegado nadie.

—¿No vino nadie para mí? —preguntó un poco inquieto.

—No —respondió la secretaria.

El joven frunció el ceño:

—Quizá no se enteraron —comentó, desilusionado. En la clase siguiente, pasó lo mismo.

Cuando volvió a repetirse la tercera noche, este instructor se sintió muy descorazonado y vino a verme:

—David, no sé qué hacer —me dijo, desesperado.

—Da la clase de todos modos —le dije—.Aunque sea, te quedas en el salón y meditas. Ya verás que los alumnos comienzan a llegar.

—Pero, David —me respondió él—, mira lo que me pasaba en Belgrano: todo el mundo quería tomar clases conmigo y ahora parece que todos se han olvidado de mí... ¡No es posible!

—Te pido que estés tranquilo…

—Soy capaz de salir con un cartel por la calle para conseguir alumnos —dijo exasperado—. Probablemente no saben que ya estoy aquí.

—No te desesperes —le dije—. Tan sólo espera.

Entonces, hizo lo que le pedí. Empezó a meditar. A la clase siguiente no asistió nadie. En la segunda, apareció un alumno para hacer una clase de prueba. En la siguiente, volvió a estar solo. Pero paulatinamente, los alumnos comenzaron a venir. Al cabo de cuatro meses, la clase estaba llena. Fue el mejor turno de la sede, y continuó siéndolo durante muchos años.

¿Cómo se explica esto? Se trata de una cuestión energética. El joven profesor estaba tan tenso, tan inquieto, que estaba propagando esta misma inquietud a su alrededor y no dejaba que se creara un clima favorable que atrajera a la gente hacia él.

Hay personas a quienes, de pronto, les comienza a ir mal en su trabajo. Sus clientes desaparecen, los negocios se vuelven escasos, el éxito los abandona. ¿Qué les sucede? ¿Es fruto de la casualidad que tantos individuos decidan dejar de darle trabajo al mismo tiempo? La respuesta, generalmente, es que esta persona no está bien y de alguna manera crea un campo energético negativo a su alrededor. Pero cuando la autoestima es fuerte, cuando está motivada, parece tener toda la suerte de su lado.

Vamos atrayendo o rechazando las cosas de acuerdo con nuestra energía. Somos los productores de nuestra salud y también de nuestra propia enfermedad. Somos generadores de nuestras propias alegrías y también de nuestras propias desgracias. Por eso es importante, cuando algo anda mal, hacer un replanteo y empezar de nuevo. Si arrastramos errores, comienzan a adueñarse de nosotros y de nuestras acciones. Si hoy nos equivocamos, debemos admitirl corregir el error y aprender de él para seguir adelante. Porque si nos detenemos a lamentar nuestros desaciertos, originaremos un campo energético negativo alrededor de nosotros y seguiremos atrayendo más energía de este tipo.

Helen Keller, que había nacido ciega, sorda y muda, logró —con enorme fuerza de voluntad y con la ayuda de personas en cuyo vocabulario no figuraba la palabra "imposible"—, llevar una vida muy provechosa. Y en sus memorias, nos dejó, entre otros valiosos consejos, el siguiente: "El optimismo es la fe que lleva al éxito. Nada puede hacerse sin esperanza y confianza". Pensemos en positivo, y nuestro optimismo se realimentará a sí mismo, rodeándonos de energía positiva.

Segunda Parte

SI TÚ CAMBIAS, CAMBIARÁ EL MUNDO

13

RECUERDA LAS TRES "R": RESPETO A TI MISMO, RESPETO A LOS DEMÁS Y RESPONSABILIDAD POR TUS ACCIONES

El respeto por uno mismo es la base de una relación sana con los demás, pero suele suceder que no nos valoramos a nosotros mismos o nos queremos de manera insuficiente. En las clases de la Fundación, hacemos un ejercicio que consiste en mirarnos al espejo para descubrir qué vemos, y lo primero que nos salta a la vista son nuestros defectos. ¿Cómo es posible que los demás nos aprecien si nosotros no nos aceptamos a nosotros mismos?

Cada uno de nosotros tiene un valor intrínseco, más allá de lo que haga. Es preciso desempolvarlo y hacerlorelucir; evitar aquellas cosas que nos disminuyen como persona. A menudo sucede que creemos que nos queremos, pero hay maneras equivocadas de quererse. Cuántas veces uno escucha: "Yo fumo porque es un placer que me permito". Pero no es así: si uno fuma, si uno bebe, si uno se agrede, si acepta ser agredido, no se quiere a sí mismo ni se considera un ser humano valioso.

Si nos respetamos, respetar a los demás se vuelve completamente natural y factible. Respetar al otro significa respetar su lugar, su tiempo, su opinión y saber que el derecho de uno comienza donde termina el del otro.

Recuerdo un viaje que hicimos con Iana a la India, donde visitamos el Ashram de Sai Baba. Era el momento en que salía para saludar a la gente que había llegado a verl y miles de personas lo esperaban con devoción. En ese instante, Iana sintió un súbito rechazo hacia el maestro. Sentía que no quería entregarse a la energía del Swami y que Sai Baba no era para ella, que no era lo que buscaba.

Iana estaba sentada en medio de una multitud, a una gran distancia de él, cuando de repente Sai Baba volvió el rostro y la miró a los ojos. En esa mirada, ella percibió que le decía: "Para respetarme, no tienes que amarme". Quedó muy conmovida y nunca olvidó la lección; yo tampoco.

No siempre compartimos la opinión de los demás, pero tenemos que aprender a escuchar y respetarla.

¿Es lo mismo estar al lado de una persona, confiable, que se motiva a sí misma y que es emprendedora, que de una que es totalmente dependiente, inútil y que no quiere asumir responsabilidades? Por supuesto que no. Existen dos tipos de cordones umbilicales que tenemos que ir cortando. El primero, el del nacimiento y el segundo, el que cortamos cuando dejamos a nuestros padres. En mi caso, había un tercer cordón que me unía a mis progenitores y era mi relación laboral. Me costó mucho decidirme a dejar de trabajar con ellos, y cuando lo logré, me di cuenta de que tenía que hacerme totalmente responsable del resultado de mis acciones y que ya no podía confiar en que me iban a proteger por siempre de las situaciones dificiles de la vida. Hoy puedo comprender que si bien nuestros padres nunca nos van a dejar totalmente desvalidos, debemos aprender a confiar en nuestra propia inteligencia y nuestras fuerzas para seguir adelante.

Cuando Paula era adolescente, le dije: "A partir de los 21 años tendrás la mayoría de edad. Esto te permitirá hacer todo lo que quieras, pero, ¿sabes una cosa?, tendrás que ser responsable de las consecuencias de esas decisiones”. Todavía recuerdo cuando le enseñé a tomar el autobús por primera vez cuando tenía seis años. Aunque detrás, fue ella quien tuvo que sacar los boletos, buscar lugar para sentarse y decidir cuándo debíamos bajaron pequeñas responsabilidades que la prepararon para ser libre y para asumir las consecuencias de esa libertad.

14

PREPÁRATE PARA LOS CAMBIOS INEVITABLES

Nada hay bajo el cielo que sea estable,
nada hay que dure por siempre jamás.
SIDDARTHA GAUTAMA, EL BUDA

Constantemente, se nos presentan problemas que amenazan con romper nuestro equilibrio interior. No tenemos control sobre esta realidad, pero sí sobre la actitud que adoptamos frente a ella. No somos responsables de los problemas que surgen, pero sí de encontrarles solución.

Con frecuencia tenemos que prepararnos para un conflicto. No sabemos por qué, pero hay ciertas personas que poseen un campo energético que choca con el nuestro, y si no se las puede evitar, al menos es posible prepararse para encararlas. La meditación, la respiración, las afirmaciones son armas útiles para mantener la calma en estas ocasiones. Sin embargo, aunque uno se prepare, a veces no puede pasar por la prueba sin perturbarse. Quizá los preparativos no fueran adecuados o hayan sido insuficientes, pero esto no quiere decir que uno no deba hacerlos.

Después del casamiento de Paula, sentí que me había distanciado de ella y nuestra relación estaba tensa. Al principio, no advertí el motivo por el cual cada vez que la veía la trataba de manera agresiva y me descontrolaba cuando hablábamos. Sabía que quería dejar de actuar así porque mi forma de proceder la estaba alejando de mi lado.

Cuando me detuve a pensar en los motivos de mi rabia, me di cuenta de que recién entonces después de la boda, estaba haciendo el duelo por su partida. Estaba triste porque el papel de hija ya no era el más importante en su vida y en cierta forma su madre y yo habíamos sido reemplazados por su marido. Esto no significaba que no nos quisiera y no siguiéramos viéndonos con frecuencia. Pero, indudablemente, no era lo mismo. Supe que estaba más apegado a ella de lo que creía y que se trataba de un mal apego, aquel que tiende a ahogar y no deja que la otra persona sea libre. No soy de esas personas que asfixian al otro con su afecto, pero en mi afán por ayudar a mi hija sólo estaba dañándola. Decidí, pues, hablar con Paula. Pero antes de hacerlo, quería fortalecerme.

Una vez que lo pensé bien y seguro de que no iba a perder la paciencia, aproveché una noche después de la cena para invitarla a dialogar. Le pedí disculpas por mi conducta agresiva e intenté explicarle mi enorme sentido de pérdida. Hablamos de nuestra relación a partir del casamiento, de cómo podíamos ayudarla y de cómo ella también necesitaba tomar sus propias decisiones. Nos replanteamos el nuevo lugar que cada uno ocupaba y las características del nuevo vínculo que nos unía. Después de nuestra conversación sentí como si se hubiese frenado una hemorragia y empezáramos a querernos verdaderamente de nuevo.

15

CADA UNO DEBE SABER EL LUGAR QUE QUIERE OCUPAR

A veces sabemos adónde queremos ir pero no sabemos muy bien cómo llegar. Yo sabía que quería dedicarme al yoga, pero no sabía cómo llevarlo a cabo y lo fui aprendiendo con la experiencia y un poco a los golpes.Al principio, me distraje con otras actividades que me apartaban de mi objetivo. Solía organizar, como actividad alternativa a las clases de yoga, unos retiros espirituales.Y sin quererlo, me vi encargándome de los detalles más insólitos: las valijas, los pasajes, la comida, el hotel y hasta de los caballos que nos llevaban de paseo. Era el hombre multiservicio y la gente venía a mí con todo tipo de inquietudes: no funcionaba bien la luz, había poco gas, la comida estaba demasiado fría o demasiado caliente... Un día, entendí lo que me estaba sucediendo: "En lugar de enseñar yoga estoy ocupándome de la cantidad de frazadas que necesitan los huéspedes para dormir".

Me propuse desde ese día hacer algo para cambiar el lugar en el que me estaba metiendo.

Cada uno tiene que hacerse cargo del lugar que quiere ocupar. Sin embargo, cuando nos damos cuenta de ello, debemos tener presente que el cambio tiene que ser gradual, porque la gente nos imagina en un determinado rol y puede rechazar un cambio demasiado brusco que no le dé tiempo para asimilarlo. En ese sentido, lo más dificil para mí fue cambiar mi imagen y tratar de que me vieran no como un ejecutivo sino como su profesor de yoga. Si bien soy un organizador por naturaleza, no quería ya ser visto exclusivamente como tal. Para ello, tuve que renunciar a ciertas actividades que hacía bien pero que me apartaban de mi objetivo, y concentrarme en aquellas cosas que sí me acercaban a la imagen que quería para mí mismo. Me vi obligado a estudiar, a trabajar y a disciplinarme en lo que me proponía lograr. De a poco me fui encaminando hacia mi meta.

16

DIVERSIFICA TUS INTERESES

Recuerdo el día en que le pregunté a una mujer que se presentó por primera vez a la clase de respiración, por qué había venido, y me explicó que sufría una depresión. Su marido había fallecido hacía siete años y aún no había podido superarlo. Sus hijos se habían casado y ya no la visitaban como antes. Se sentía totalmente sola e inútil en este mundo. Durante años, se había encerrado en el papel de esposa y madre, olvidándose de desarrollar una vida propia. Cuando sus hijos se fueron de casa, se volvió completamente dependiente de su marido, y cuando él murió, la vida dejó de tener sentido para ella.

¿Cómo volver a sentir la alegría de estar vivos? Necesitamos un impulso interno, algo que nos empuje desde adentro a querer sentirnos mejor con nosotros mismos. Porque cuando buscamos una motivación externa —el trabajo, el marido o los hijos— y ésta se pierde, el sentido de la existencia se agota y podemos caer en un estado depresivo.

Debemos comprender que la vida en sí misma es una oportunidad para crecer y alcanzar la plenitud como seres humanos. Cuando falta esta razón interna, nos aferramos a los hijos, al trabajo o alguna causa que puede parecer noble, pero que si no surge del entramado de nuestro ser, deja de tener valor para nosotros. Cualquiera de estas causas es como una rueda de auxilio y no como la rueda propia del vehículo.

A pesar de que nuestra familia toma un rumbo diferente y parece no necesitarnos, no deberíamos perder jamás la capacidad de amar, de crecer y de darnos. Tenemos que recrear nuestro espíritu, hacer cosas que nos den energía, encontrar algo por lo que sintamos vocación y que nos ayude a ser felices. ¿Qué pasa cuando una corriente de agua que fluye se detiene? Pierde energía y se transforma en estanque. El ser humano tiene que canalizar la energía que surge de su centro para que broten nuevas fuerzas y lo renueven.

Cuando trabajaba con mi padre en el negocio, me dijo una vez: "David, si pudieses elegir entre tener uno o dos clientes importantes o mil que no valen tanto, ¿qué elegirías?". Y yo le respondí que querría uno o dos más importantes por el prestigio que representaban. Pero mi padre me sorprendió:

—No, al contrario; siempre te conviene tener mil clientes no tan importantes que uno o dos de gran nivel.

—¿Y por qué? —le pregunté.

—Porque si tienes mil y pierdes uno, tu negocio no se verá afectado; pero si se trata de uno de los grandes, pierdes de un solo golpe el 50 por ciento de la utilidad de tu negocio.

En la vida sucede lo mismo: no hay que poner todos los huevos en la misma canasta, sino repartirlos en canastas diferentes. Es esencial que seamos felices con el esposo o la esposa, los hijos, los abuelos, pero, también, hallar lo que nos gusta. ¿Me gusta cantar? Canto. ¿Me gusta pintar? Pinto. ¿Me gusta bailar? Bailo. ¿Me gusta tocar un instrumento? Lo toco. ¿Me gusta jugar al tenis? Juego al tenis. Cada uno tiene una vida que va más allá de los afectos y de los deberes. Esto no significa que por ello uno sea un mal padre o una mala madre. Atender estos vínculos es importante, pero también hay otro vínculo que tenemos que alimentar y es el que nos conecta con nosotros mismos.

Cuando no tenemos un espacio donde recrearnos espiritualmente, la vida se vuelve árida, y hay pocas flores, pocos pájaros, poco sol y poco cielo. En la medida en que estamos fortalecidos espiritualmente, podemos soportar con alegría los momentos dificiles de la existencia.

Un maestro colocó delante de sí un gran jarro de vidrio transparente. Mostró a sus discípulos una bolsa dentro de la cual había varias piedras grandes. Las colocó una a una dentro del jarro, hasta que ya no cabía ninguna más. Entonces les preguntó: "¿Está lleno?" Todos dijeron que sí. Inmediatamente, exhibió un canasto con piedras más pequeñas, echó algunas en el jarro moviéndolo para que se acomodaran en los espacios vacíos y volvió a interrogar: "¿Está lleno?". "Ahora sí", contestaron algunos, mientras otros prudentemente callaron. El maestro tomó una bolsa con arena, y la volcódentro del jarro. "¿Está lleno ahora?" "Probablemente no", respondieron tímidamente. Luego, una jarra de agua colmó el recipiente.

Entonces, preguntó nuevamente: "¿De qué se han dado cuenta?".

Uno a uno fue respondiendo: "De que las cosas no son lo que aparentan. De que si perseveramos y nos damos tiempo, todo puede concretarse. De que muchos límites son menos estrechos de lo que suponemos. De que nuestra capacidad es mayor de lo que solemos creer. De que no debemos renunciar hasta probar todas las alternativas. De que siempre hay algo que aprender".

Y el maestro concluyó: "Además de estas enseñanzas, recuerden que primero hay que poner las piedras grandes en el jarro, pues éstas son las que le darán estabilidad y equilibrio a su vida".

"¿Y cuáles son estas piedras grandes?", preguntó un discípulo.

"Su familia, sus amigos, su pareja, su fe, su trabajo, sus valores... Todo lo que para ustedes tiene importancia: denles prioridad y así tendrán la tranquilidad de saber que siempre podrán contar con ellos."

17

TUS ACCIONES TIENEN UN FRUTO QUE TARDE O TEMPRANO COSECHARÁS

Como todo en la naturaleza, también nosotros estamos sujetos a la ley de causa y efecto. De acuerdo con nuestro modo de actuar, recibiremos el fruto de nuestras acciones. Como la piedra que cae en un estanque y genera ondas expansivas cada vez más grandes, que se abren hasta llegar a los bordes de la laguna y rebotar para volver al centro, también nuestras acciones tienen un efecto de retorno. Tal vez no vuelvan del mismo lugar o de la misma forma. Pero siempre vuelven.

Cada uno va sembrando en esta vida lo que cosechará en la próxima. Pero, ¿qué significa la próxima vida? Cuando digo "próxima" no me refiero forzosamente a la vida que nos espera después de la muerte. La próxima vida puede ser mañana mismo.A través de nuestras actitudes, de nuestros pensamientos y de nuestras acciones vamos sembrando semillas cuyos frutos pueden ser cosechados mañana mismo. ¿Cuál será el producto de esas semillas? ¿Acaso no lo sabemos? Lo cierto es que si uno sembró semillas de maíz, no cosechará ni bananas ni manzanas, sino maíz. Siempre recibimos a cambio lo que ofrecemos.

En uno de sus libros, Darío Lostado relata la historia de un pobre agricultor inglés llamado Fleming. Un día, mientras trabajaba el campo, escuchó a alguien pedir ayuda desde un pantano cercano. Al acercarse vio a un niño que gritaba aterrorizado, atrapado en el lodo, y sin dudarlo —y arriesgando su propia vida— lo ayudó a liberarse.

Poco después, Fleming fue visitado por un noble inglés ricamente ataviado, que dijo ser el padre del niño. Cuando le expresó que deseaba recompensarlo por su buena acción, el agricultor rehusó cortésmente cualquier tipo de premio.

A punto de retirarse, el noble vio salir de la casa de Fleming a un niño, y le preguntó si se trataba de su hijo, a lo que el agricultor respondió afirmativamente. Entonces, el noble le propuso un trato: llevarse al niño y ofrecede una buena educación. Y Fleming aceptó.

Con el paso del tiempo, el hijo del agricultor llegó a ser un médico notable, nada menos que sir Alexander Fleming, el descubridor de la penicilina.

Años después, cuando el hijo del noble inglés enfermó de pulmonía, se salvó gracias a este medicamento. El noble se llamaba Randolph Churchill, y su hijo Winston Churchill.

18

ACTÚA POR EL BIEN DE TODOS

Si queremos vivir en armonía y de una manera equilibrada, tenemos que llevar armonía, equilibrio y paz a cada uno de los lugares de nuestras vidas; no se puede separar cada área en un compartimiento estanco ya que todas están íntimamente unidas. Mataji siempre nos dice que hay que actuar bien, aun con la gente que no actúa bien con nosotros. Si esa persona no se da cuenta de su mal proceder, es su problema, pero para uno que sí se dio cuenta, su deber es siempre hacer el bien. Asimismo, cuando se asume una responsabilidad, se tiene que cumplir, ya que tarde o temprano habrá que hacerlo de todas maneras. Si se hace caso omiso de una decisión que se tomó, se sufrirán las consecuencias; si se termina una relación de manera traumática, se genera un karma que se deberá pagar en un futuro próximo o lejano.

Se encontraba una vez un beduino llamado Abdul, caminando por el desierto, cuando divisó a lo lejos un oasis en cuyo interior relucía una laguna rodeada de vegetación.

—¡Qué bien! —exclamó—. Ahora, podré saciar mi intensa sed.

Se dirigió, pues, al vergel. Pero cuando se estaba aproximando a él, divisó a un hombre viejo inclinado al lado de la laguna, excavando en la tierra, mientras sudaba profusamente.

—¡Buen hombre! —comenzó a modo de saludo Abdul—, ¿qué haces cavando pozos con tanto afán en este día de tanto calor?

El viejo, levantando la vista, le respondió:

—Estoy plantando semillas para que crezcan higueras.

—¿Qué dices? —inquirió a su vez Abdul—. ¿Y para qué harías una cosa así, si tú nunca verás los frutos, ya que las higueras demoran muchos años en crecer? ¡Ven, refréscate en la laguna y olvida esas pesadas tareas!

—Pues aunque es verdad que yo no los veré crecidos —respondió el viejo—, ni espero probar yo mismo los higos, planto estos árboles para que un día algún otro pueda saborear sus frutos. Del mismo modo, yo hoy estoy disfrutando de los frutos que sembraron otros antes que yo.

Abdul se quedó pensando en esta respuesta.

—Pues me has enseñado una lección. Toma, aquí tienes una moneda de oro por ella —le dijo, mientras le extendía una pieza de oro de su alforja.

—Ya ves —reflexionó el viejo—.Todavía no he terminado de sembrar y ya estoy recibiendo la cosecha.

El beduino quedó asombrado una vez más y dijo:

—Buen hombre, me acabas de enseñar una segunda lección y por eso te daré otra moneda de oro.

Nuevamente extendió su brazo y colocó otra moneda en la mano del viejo.

Éste, tomándola, la agradeció, mientras decía:

—Mira, todavía no he terminado de sembrar y ya he recibido no una recompensa sino dos. Yo no me propuse recoger ningún fruto de lo sembrado, y sin embargo he cosechado mucho más de lo que este árbol jamás podría darme.

—Pues no sigas hablando —le rogó el beduino—, ya que si continúas dándome estas lecciones, ¡me quedaré sin dinero!

Y con ello, se despidieron y cada uno siguió su camino.

19

SIRVE

Mohandas Karamchand Gandhi, llamado el Mahatma —hombre santo—, fue el gran líder de la lucha por la independencia de la India y uno de los personajes más notables del siglo xx. Murió a manos de un asesino en 1948, pero su extraordinaria dedicación a su pueblo y a la humanidad entera sobreviven en el corazón de millones de personas.

Las enseñanzas que nos dejó hablan de la bondad, la honestidad, la humildad, la no violencia y la exaltación del espíritu humano.

El Mahatma Gandhi siempre hizo hincapié en el servicio que debemos brindar a otros en este mundo, sobre todo a los más desposeídos. Es más, señala que en realidad todos nosotros realizamos algún tipo de servicio para los demás, y que debemos hacerlo en forma honesta y comprometida con el bien común.

Éstas, algunas de sus palabras, nos hablan de ese compromiso. Quizá no nos creamos capaces de alcanzar la estatura moral de un Gandhi, pero desde nuestro humilde lugar y dentro de nuestras posibilidades, no dejemos de prestar ayuda y alivio a los necesitados. Digamos no a la indiferencia. Y ser indiferentes ante la pobreza y el sufrimiento es también obrar mal.

Un hombre no puede hacer el bien en un área de la vida mientras se ocupa de hacer el mal en otra. La vida es un todo indivisible.

Aquel que se dedica a servir con una conciencia clara, día tras día acrecentará su necesidad de servir y enriquecerá su fe. El camino del servicio es muy difícil para quien no está preparado para renunciar a su propio interés. Consciente o inconscientemente, cada uno de nosotros presta algún tipo de servicio. Si cultivamos el hábito de servir en forma deliberada, nuestro deseo de servir se hará más fuerte y no sólo alcanzaremos nuestra propia felicidad sino que contribuiremos a la del mundo.

Hay gente en el mundo tan hambrienta que Dios sólo puede aparecérsele en forma de pan.

Esta última frase es tan explícita, tan contundente, que no deja lugar a dudas: si queremos crecer espiritualmente, si queremos servir de verdad, si queremos ser mensajeros de Dios, no neguemos el pan al hambriento. Aunque para dárselo debamos renunciar a algo del nuestro.

20

SÉ GENTIL CON EL PLANETA

Hace poco, viajamos a Mar del Plata con Iana para descansar unos días. Era invierno en esa ciudad balnearia, y después de pasear a orillas del mar, decidimos entrar en un bar para tomar algo. Nos sentamos junto a una ventana, por la que entraba el sol y nos bañaba el rostro con una tibieza profundamente reconfortante. Fue un momento de felicidad sencilla e intensa, y en ese instante no deseé nada más, sino simplemente cerrar los ojos y disfrutarlo.

Los griegos llamaban a la Tierra *Caía*, que significa *vida*, y fue objeto de culto entre los primitivos pobladores de Grecia. Más que a una divinidad bien definida se adoraba en ella la fuerza reproductora que da vida cada año a los campos; de ahí que fuera considerada el origen de todas las cosas. También era depositaria de la sabiduría, conocedora de las cosas ocultas y, en consecuencia, divinidad oracular.

¿Cómo es nuestra relación actual con la naturaleza? Los desastres ecológicos y las advertencias de las organizaciones ambientalistas dan cuenta de un desprecio creciente por la Tierra. Muchos hombres y mujeres persiguen un objetivo material en su vida y se olvidan de que parte de nuestra esencia está íntimamente unida a la naturaleza. Nada sería posible para nosotros si no tuviéramos un lugar donde vivir, un planeta donde instalarnos y del cual nutrirnos. Nuestras células, nuestros genes solamente se desarrollan en la Tierra porque es aquí donde se dan las condiciones para ello. En ningún otro planeta, por lo que sabemos, la vida ha podido prosperar tal como la conocemos; los científicos estudian la viabilidad de la vida humana en algún otro lugar, pero aún no han encontrado respuesta a sus interrogantes.

¿Dónde viviríamos si no tuviéramos este planeta? ¿De qué nos alimentaríamos?

Ciertamente, todavía no se ha inventado un planeta artificial, y si bien gran parte de nuestra comida es sintética, ¡no es ésta la que nos aporta la salud y la energía!

Para comenzar a respetar la naturaleza, tenemos primero que respetarnos a nosotros mismos. Si el hombre no se quiere a sí mismo, difícilmente pueda querer el planeta donde vive. Los desastres ecológicos que agreden nuestro planeta son producto del descuido del ser humano por su propia casa y por su propia vida. Muchos de nosotros no somos conscientes de las graves consecuencias que tienen nuestras acciones en el medio ambiente, que producen daños irreversibles y castigan a las nuevas generaciones, que jamás podrán vivir en un lugar limpio y bello.

Un jefe indígena de la tribu de los seattle nos ha dejado uno de los más hermosos testimonios de amor por la Naturaleza. En 1854, el "gran jefe blanco de Washington" hizo una oferta por una gran extensión de tierras indias, prometiendo crear una "reservación" para el pueblo indígena. Transcribo algunas partes de la respuesta del jefe seattle:

> "¿Cómo se puede comprar o vender el firmamento, ni aun el calor de la tierra? Dicha idea nos es desconocida. Si no somos dueños de la frescura del aire ni del fulgor de las aguas, ¿cómo podrán ustedes comprarlos? Cada parcela de esta tierra es

sagrada para mi pueblo. Cada brillante mata de pino, cada grano de arena de la playa, cada gota de rocío del oscuro bosque, hasta el sonido de cada insecto es sagrado a la memoria y al pasado de mi pueblo. La savia que circula por las venas de los árboles lleva consigo las memorias de los pieles rojas.

"Los muertos del hombre blanco olvidan su país de origen cuando emprenden sus paseos entre las estrellas; en cambio, nuestros muertos nunca pueden olvidar esta bondadosa tierra, puesto que es la madre de los pieles rojas. Somos parte de la tierra y asimismo ella es parte de nosotros.

"Sabemos que el hombre blanco no comprende nuestro modo de vida. Él no sabe distinguir entre un pedazo de tierra y otro, ya que es un extraño que llega de noche y toma de la tierra lo que necesita. La tierra no es su hermana sino su enemiga y, una vez conquistada, él sigue su camino para dejar atrás la tumba de sus padres sin darle importancia (...).

"Tanto la tumba de sus padres como el patrimonio de sus hijos son olvidados. Trata a su madre la tierra y a su hermano el firmamento como objetos que se compran, se explotan y se venden como ovejas o cuentas de colores. Su apetito devorará la tierra para dejar atrás sólo un desierto (...).

"El aire tiene un valor inestimable para el piel roja, ya que todos los seres comparten un mismo aliento: la bestia, el árbol, el hombre, todos respiramos el mismo aire. El hombre blanco no parece consciente del aire que respira; como un moribundo que agoniza durante muchos días, es insensible al hedor. Pero si les vendemos nuestras tierras deben recordar que el aire nos es inestimable, que el aire comparte su espíritu con la vida que sostiene (...).

"Por ello consideramos su oferta de comprar nuestras tierras. Si decidimos aceptarla, yo pondré una condición: el hombre blanco debe tratar a los animales de esta tierra como a sus hermanos (...). He visto a miles de búfalos pudriéndose en las praderas, muertos a tiros por el hombre blanco desde un tren en marcha. Soy salvaje y no comprendo cómo una máquina humeante puede importar más que el búfalo al que nosotros matamos sólo para sobrevivir.

"Esto sabemos: la tierra no pertenece al hombre; el hombre pertenece a la tierra (...).

"Esta tierra tiene un valor inestimable para Él y, si se daña, provocaría la ira del Creador. También los blancos se extinguirán, quizás antes que las demás tribus. Contaminan sus lechos y una noche perecerán ahogados en sus propios residuos. Pero ustedes caminarán hacia su destrucción rodeados de gloria, inspirados por la fuerza del Dios que los trajo a esta tierra y que por algún designio especial les dio dominio sobre ella y sobre el piel roja. Este destino es un misterio para nosotros, pues no entendemos por qué se exterminan los búfalos, se doman los caballos salvajes, se saturan los rincones secretos de los bosques con el aliento de tantos hombres y se atiborra el paisaje de las exuberantes colinas con cables parlantes. ¿Dónde está el matorral? Destruido. ¿Dónde está el águila? Desapareció. Termina la vida y empieza la supervivencia."

21

ACTÚA DE ACUERDO CON LOS DICTADOS DE TU CONCIENCIA

No hay ninguna acción que sea enteramente buena ni ninguna acción que sea enteramente mala. Una acción que es muy buena a muchos bentificiará pero a unos pocos perjudicará y para esos poco, será una acción mala. Y la acción que parece enteramente mala será tal vez beneficiosa para unos pocos, aunque perjudique a muchísimos.

SWAMI VIVEKANANDA

Casi todo el mundo parece ponerse de acuerdo sobre lo que significa el Bien, pero cuando hay que aplicar ese concepto a la realidad de todos los días, cada uno tiene su propia opinión acerca de lo que puede ser bueno en una situación determinada. El país del cual proviene, la religión a la que pertenece, la familia, la educación y el medio social determinan una mentalidad particular que puede variar en forma considerable de un individuo a otro y que hacen ver la realidad de una manera totalmente diferente. Por ejemplo, hace treinta años una mujer soltera que tenía un hijo era mal vista, mientras que hoy ya nadie se escandaliza, hasta el punto de que algunos lo ven como una muestra de la emancipación femenina.

Hace poco, me sorprendí al leer que el estado inglés le había otorgado al primer ministro Tony Blair siete semanas de vacaciones por el nacimiento de su último hijo.

¿Se imaginan lo que diría la gente si el presidente de la Argentina o de México se tomara siete semanas para estar con su bebé recién nacido?

¿Qué es entonces proceder bien? Es actuar de acuerdo con lo que a cada uno le dicte su conciencia. Lo cual no es tan fácil, en primer lugar porque están nuestros sentidos y nuestro ego de por medio. Muchas tentaciones nos pueden nublar el juicio, influyendo en nuestra manera de pensar y obrar. Pero si nos esforzamos por actuar sin egoísmo, cuidando de no herir a nadie y pensando en el beneficio del prójimo, nuestras acciones serán buenas. Si procedemos como si fuéramos un instrumento en las manos del Creador, nuestras obras serán nobles. Y si dejamos que nuestras acciones reflejen la belleza del cosmos, serán tan bellas como éste.

22

ANTES DE HABLAR, REFLEXIONA

Había una vez un niño que tenía muy mal carácter y se peleaba con todo el mundo. Un día su padre le dio una bolsa con clavos y le dijo lo siguiente: "Cada vez que pierdas la calma, cada vez que discutas con alguien, irás a clavar un clavo en la cerca que está detrás de casa".

Así pues, cada vez que el chico se enojaba con alguien, tomaba el martillo y clavaba un clavo en la cerca. En poco tiempo había clavado treinta siete clavos. Sin embargo, a medida que clavaba se fue calmando porque descubrió que era mucho más fácil controlar su carácter que tomarse el trabajo de clavar los clavos en la madera.

Pasaron unos meses, y el niño le dijo a su padre: "Padre, en las últimas semanas no he discutido con nadie". Su progenitor le sugirió entonces que cada vez que controlara su carácter sacara un clavo de la cerca.

Los días pasaron y el joven fue sacando clavo tras clavo. Hasta que un día, el hijo se le acercó a su padre y le anunció: "Papá, ya he sacado todos los clavos".

El padre lo observó, y tomándolo de la mano lo condujo a la cerca y le dijo: "Observa, hijo, has hecho bien, pero fíjate en todos los agujeros que han quedado; esta madera ya nunca será la misma de antes. Cuando dices o haces cosas que ofenden a otro, dejas una cicatriz como este agujero de la cerca. El daño ya está hecho. Aunque pidas perdón, allí donde hayas dado una estocada habrá quedado una herida".

Releyendo este cuento pienso con qué facilidad lastimamos con palabras a nuestros seres más queridos. Cuando estamos cansados y atiborrados de problemas, descargamos nuestra ira, nuestro dolor y nuestra impotencia justamente en aquellas personas que nos son incondicionales, porque sabemos que siempre van a estar a nuestro lado. Así, vamos dejando heridas, pequeñas marcas que van deteriorando la relación hasta terminar muchas veces con el amor, la comprensión y el afecto. Solemos darnos cuenta demasiado tarde del mal que hemos hecho, cuando la situación ya es irreparable. ¿Cuántas veces nos arrepentimos de nuestra forma de actuar, pero cuando queremos resarcir el daño es demasiado tarde?

Hoy quiero pedirles disculpas a algunas personas a las que quiero mucho, pero a quienes, tal vez sin darme cuenta, lastimé. Mi abuela, a la que extorsionaba con cigarrillos para que nos comprara figuritas cuando éramos chicos; mis padres, con quienes discutí tantas veces en lugar de ser más comprensivo; mi esposa, a quien en algunos momentos de nuestra relación no traté con la delicadeza y la ternura que merecía, y mi hija, con quien fui en ocasiones duro e inflexible. Es cierto, hoy cambié, aprendí. Pero las huellas de mis acciones quedan. Por eso, tenemos que cuidar y valorar lo que tenemos. El amor necesita de un abono permanente; todos los días tenemos que fertilizar esa tierra de la amistad, del amor y de las buenas relaciones para que dé buenos frutos. Cuando nos damos cuenta de ello, tratamos de proceder mejor, de dominarnos y de ser más cariñosos y menos agresivos. A mí me ha ayudado especialmente la práctica del yoga Total a través de los trabajos de posturas, la respiración, la contemplación y la meditación. Pero todos podemos dedicar unos momentos cada día a la contemplación de la naturaleza que nos rodea —acostarnos la tierra mirando el cielo o la copa de un árbol— y recuperar la armonía que necesitamos para dominar nuestros impulsos negativos.

23

SIN DESPRENDERTE DE TUS VALORES, ABRE TUS BRAZOS AL CAMBIO

Algunos principios son permanentes y eternos, y son la base de una existencia segura y verdadera: la bondad, la honestidad, la tolerancia y la justicia son algunos de ellos. Pero la evolución forma parte de nuestra condición de seres humanos. La tecnología, en especial la informática, ha propiciado una serie de transformaciones que aportan grandes beneficios a nuestra calidad de vida. Todo ello no significa que debamos endiosar a la ciencia, sino considerarla como un medio, un instrumento para llegar a más personas y profundizar el contacto con aquellos que conocemos. Si nos cerramos al cambio y vamos contra la corriente, nos aislamos y dejamos de enriquecernos.

Mataji usaba la tecnología, aunque no la entendía. Usaba el fax a menudo, aunque le parecía muy misterioso que una página entrara por un lugar y saliera por otro muy remoto...

La tecnología es una herramienta. N o es buena o mala en sí misma. Como todas las herramientas, todo depende del uso que le demos. Y este uso depende, a su vez, de nuestros propósitos y valores.

24

RENUEVA TUS ACTITUDES

¿Usaríamos trajes o peinados de más de veinte años atrás? ¡No! Nos veríamos ridículos, y si alguien nos viera, pensaría que nos dirigimos a un baile de disfraces. Lo mismo sucede con ciertas actitudes: no reflejan nuestra verdadera evolución como seres humanos. Las viejas actitudes son como vestimentas pasadas de moda, obsoletas y ridículas. Probablemente surgieron en nuestro inconsciente hace años, viejas formas de reaccionar almacenadas en nuestro cerebro debido a alguna circunstancia del pasado, y que seguimos utilizando aun cuando no representan lo que hoy somos, ni lo que queremos ser.

Conservemos, durante toda nuestra vida, la capacidad de sacrificar lo que somos en aras de lo que podemos ser. Cuando rompemos moldes, nos abrimos a nuevos horizontes. Si no tenemos el coraje de decirle adiós a algunas costumbres o actitudes a las que hemos estado apegados por años y no nos animamos a renovarnos a nosotros mismos constantemente, nos volveremos rígidos, y cada vez será más dificil cambiar. Hoy no es ayer; ¿cómo pueden nuestros pensamientos y nuestras acciones ser siempre los mismos, si queremos seguir creciendo? El cambio más significativo en la vida de una persona es el cambio de actitud. Revisemos entonces, nuestras actitudes. Preguntémonos si aún se ajustan a nuestros valores y nuestras convicciones.

25

EVOLUCIONA Y TRANSFÓRMATE

¿Qué significa crecer? Crecer es algo más que ser más alto o más viejo, más grande o más canoso. El crecimiento puede ser inconsciente e involuntario —pasamos de la niñez a la juventud, y de la madurez a la vejez en un abrir y cerrar de ojos—, pero también puede ser consciente. Este último tipo de evolución es diferente, pues nos imponemos objetivos; para arribar a ellos hacen falta constancia y trabajo.

Crecer es dejar atrás algo a lo cual estuvimos apegados y de lo cual nos cuesta desprendernos, es atrevernos una vez más y estar dispuestos a ser diferentes de lo que fuimos ayer, es desarrollarnos y evolucionar desde adentro. Cuando decidimos cambiar una actitud negativa, estamos creciendo. Cuando decidimos corregir un error, estamos evolucionando. Cuando dejamos de hacer algo que nos empequeñece, estamos desarrollándonos. Todos los días la vida nos presenta oportunidades de crecer. Cualquiera sea nuestra edad, tenemos aspectos en nuestro interior que esperan en estado latente su oportunidad para despertar y desarrollarse.

Para proyectarse en el tiempo como algo duradero, este cambio debe ser paulatino y consciente. Observemos a la naturaleza, y más particularmente a los árboles: en otoño pierden su follaje y se liberan de la carga innecesaria, recogiéndose dentro de sí para recibir el invierno. Por fuera, parecieran no tener vida, pero preparan sus raíces para que en la primavera sus ramas puedan ver surgir los primeros brotes, dando lugar a las hojas y luego a los frutos del verano. Si logramos desprendernos de esas hojas que no necesitamos mientras desarrollamos nuestra esencia, también podremos dar frutos y transformarnos.

Quien conoce a los demás, es listo.
Quien se conoce a sí mismo, es sabio.
Quien vence a los demás, tiene fuerza.
Quien se vence a sí mismo es fuerte.
Quien tiene vigor, tiene voluntad.
Quien se conforma, es rico.
Quien conserva su lugar, tiene constancia.
Quien no sucumbe con la muerte, aquél vive.

LAO TSÉ

26

ABRAZA EL DOLOR CON ALEGRÍA

A veces creemos que hay gente a quien el dolor no le ha golpeado la puerta; sin embargo, la imperfección es parte de la esencia de todos los seres humanos y a todos nos toca sufrir. Lo que nos diferencia a unos y otros es la actitud que asumimos frente al dolor. Podemos elegir entre aprender a partir del fracaso, el error, la injusticia, la enfermedad y la muerte, o no. Podemos elegir entre ignorar u ocultar ese dolor y tratarlo con frivolidad, o aprender de él.

Cuando se trata del dolor ajeno, todos estamos ligados por lazos invisibles, y si alguno de nosotros sufre, ese sufrimiento nos afecta a todos, aunque creamos que el dolor ajeno no nos toca y que no puede entrar en nuestras vidas. Si bien es cierto que no podemos sentir el dolor ajeno con la misma intensidad que el que lo padece, es posible solidarizarnos con ese sufrimiento y aprender de él.

Sin embargo, el sufrimiento propio es el que más nos enseña. A partir de la experiencia del dolor nos volvemos compasivos y solidarios, aprendemos a perdonar y somos capaces de comprender la existencia humana en toda su dimensión.

Cuando vayan mal las cosas,
Como a veces suelen ir;
Cuando ofrezca tu camino

Sólo cuestas que subir;
Cuando tengas poco haber
Pero mucho que pagar,
Y precises sonreír
Aun teniendo que llorar;
Cuando el dolor te agobie
Y no puedas ya sufrir,
Descansar acaso debes...
¡Pero nunca desistir!
Tras las sombras de la duda,
Ya plateadas, ya sombrías,
Puede bien seguir el triunfo,
No el fracaso que temías;
Y no es dable a tu ignorancia,
Figurarte cuán cercano
Puede estar el bien que anhelas
Y que juzgas tan lejano.
Lucha, pues, por más que tengas
En la brega que sufrir...
¡Cuando esté peor todo,
más debemos insistir!

RUDYARD KIPLING

27

APRENDE TAMBIÉN DE LOS TRIUNFOS

Por lo general, aprendemos más en nuestros momentos de derrota que en los momentos de triunfo. ¿Por qué? Porque en el momento del triunfo, el ego se infla y no nos deja ver. Nos volvemos omnipotentes y sentimos que ya no tenemos nada que aprender. No vemos que a pesar de haber triunfado, cometimos algunos errores. Tanto la derrota como el triunfo son oportunidades para reflexionar acerca de los errores cometidos.

"Nada fracasa tanto como el éxito, porque no aprendemos de él. Sólo aprendemos de los fracasos", han afirmado diversos pensadores y estudiosos de la naturaleza humana. Pero esta afirmación sólo es acertada cuando el que triunfa se deja llevar por la autocomplacencia y la vanidad.

Cuando pensemos que hemos triunfado, disfrutémoslo. Pero a continuación propongámonos aprender también del éxito, y preguntémonos:

¿Qué obtuvimos realmente?
¿Cómo lo logramos?
¿Es razonable el costo que pagamos por él?
¿Qué nos hace pensar que el resultado del triunfo será duradero?
El éxito, ¿nos ha hecho mejores personas?
¿Qué errores cometimos?
¿Cómo podríamos haberlos evitado?

¿Hemos perjudicado a alguien en el camino?
Si tuviéramos que recorrerlo nuevamente,
¿qué haríamos de manera diferente?

28

BUSCA LA SOLUCIÓN

El mal general combate con la esperanza de vencer.
El buen general gana la batalla antes de entablarla.

DEL *TAO TE-KING*

En una convención de yoga a la que invitamos a muchos oradores para disertar acerca de diferentes temas, convocamos a un famoso comentarista de música clásica. Su *cachet* era relativamente caro, pero accedí a pagarlo porque me parecía una buena propuesta. A medida que se aproximaba el día del evento, me fui dando cuenta de que a la gente que iba a participar no le interesaba el tema. Había talleres que ya estaban completamente llenos, y sin embargo, muy poca gente se había anotado para escuchar a este maestro. Aparentemente, tenía un público diferente. Comencé a inquietarme porque nos estaba costando mucho dinero y a nadie parecía interesarle.

Mi primer impulso fue llamarlo para cancelar rápidamente la charla. Pero esto hubiera sido muy violento para él, ya que había reservado la fecha privándose de asumir otros compromisos. Yo no era el responsable de las dificultades que habían surgido, pero sí era el responsable de encontrar una salida. Entonces, lo invité a conversar conmigo. Cordialmente, le ofrecí un té de hierbas con mucha miel y, luego de una breve reseña de la situación, le propuse tres alternativas entre las cuales él podía elegir: la primera, dar la charla para un pequeño grupo; la segunda, que preparara una charla especial para Mataji como regalo de cumpleaños, y la tercera alternativa era cancelar la charla.

Sorprendido, el hombre me respondió:

—David, yo no sé cómo agradecerte que me hayas llamado hoy para contarme esto. No sabía cómo decírtelo pero me haces un favor si cancelas la charla. Hace unos días, me ofrecieron un contrato para trabajar durante seis meses en la universidad todos los sábados, y para cumplir con este compromiso, tenía que tomar una persona para esos días y pagarle. Ahora, por la atención que has tenido conmigo, yo te prometo que en unos meses daré una charla para la Fundación de manera totalmente gratuita.

Quedé asombrado: si hubiera procedido de manera brusca e intempestiva, las cosas habrían salido de otra manera. Pero al tratarlo con amabilidad y permitirle participar en la solución del problema, descubrí a un ser humano cálido y comprensivo.

Cuando hacemos las cosas con buena voluntad, éstas fluyen de una manera favorable para las dos partes. Si, por el contrario, terminamos nuestras relaciones con descortesía, generamos un karma negativo.

Este tipo de milagros se da en forma permanente. Lo importante es ser pacientes, humildes y muy creativos. Encontrar una solución que favorezca a ambas partes. Y si demora en aparecer, hacer una pausa, dejar el problema en un *stand-by*, y esperar un mejor momento para volver a abordar el tema. A menudo sucede que la solución aparece cuando menos la esperábamos. Aceptar el desenlace tal como se presenta, sea o no favorable, es mucho menos cruento para la salud que el enfrentamiento, la pelea o la discusión.

29

CUMPLE CON TU PALABRA

Me agrada escuchar cuando un alumno se acerca a mí y dice: "Lo que más me gusta de la Fundación es que cuando se comprometen a dar una clase, la dan. Vengo, y está la puerta abierta. Entro, y está la secretaria. Y aunque llueva o haya problemas, están todos trabajando".

Lo que sucede es que nos hemos acostumbrado a la falta de compromiso, de lealtad, que ha desgastado la confianza y empobrecido las relaciones entre los seres humanos.

En ocasiones, me he comprometido a dar una clase de yoga para después enterarme de que hay un solo alumno anotado en ese horario. La primera tentación es suspenderla. Pero después pienso: "¿Es que un solo alumno no es suficiente? ¡A lo mejor es esa persona quien más necesita la clase el día de hoy!".Y nunca me he arrepentido de esa decisión.

Respetar la palabra dada es una condición indispensable para alcanzar la armonía en las relaciones humanas.

El que sirve a los otros no malgasta un solo pensamiento en su propia comodidad, sino que deja que Dios, que está en lo alto, se ocupe de ello como bien le parezca. Por eso, sólo tomará lo que necesita y dejará el resto. Será calmo, libre de ira y sereno incluso ante las contrariedades. En el servicio estará su propia recompensa y su alegría.

MOHANDAS KARAMCHAND GANDHI

30

NO TE DEJES LLEVAR POR LAS APARIENCIAS

La mayoría de las veces, no amamos a los seres o cosas en sí, sino sus apariencias, porque su naturaleza se halla cubierta por un velo suavemente tendido que las cubre y las hace más hermosas. Así, nos dejamos llevar por los sentidos, su aspecto exterior. Pero cuando se corre el velo, se produce el desengaño.

En sus charlas, Mataji dice que, en ciertas ocasiones, se había encontrado con maestros que cuando estaban frente a un gran público hablaban de paz, de amor y de luz, pero que detrás del escenario, andaban gritando y dando órdenes en un estado de descontrol absoluto. Acostumbrémonos, entonces, a no conformarnos nunca con las apariencias. No miremos sólo el exterior de las personas, intentemos llegar al fondo de sus almas. No nos detengamos en el colorido de las cosas, busquemos su esencia y su verdad. Y miremos no sólo con los ojos de la cara, sino con los del corazón. Sólo así evitaremos la desilusión y la amargura.

31

SÉ HONESTO CONTIGO MISMO

Cuando cometemos un error, debemos aceptar que lo hicimos y no justificarnos. Recién entonces podremos obrar bien, de acuerdo con nuestra verdadera naturaleza y siguiendo los dictados de nuestra voz interior. Muchas veces me han dicho:"Tengo que dejar de fumar, pero soy muy nervioso y el cigarrillo me relaja". Tal vez esas personas logran dejar el hábito por unos días, pero al poco tiempo lo retoman.

Para librarnos de una adicción, es preciso en primer lugar admitir que se tiene un problema. Si nos engañamos que lo que hacemos no está tan mal, difícilmente tengamos la motivación para abandonarlo. Pensamos que engañando a los demás, fumando un cigarrillo a escondidas, no hacemos mal a nadie.

Recuerdo a un amigo de mis padres que dejó de fumar hace diez años y todos creímos que ya había dejado el cigarrillo por completo, dado que nadie lo veía nunca fumando. Al poco tiempo, nos dimos cuenta de que cada vez que nos encontrábamos y salíamos a comer, se excusaba para ir al baño y allí fumaba un cigarrillo. Minutos después volvía a la mesa, creyendo que nos engañaba a todos.

Podemos engañar a los demás, podemos esconder nuestra conducta a todo el mundo, pero hay dos instancias a las que no podemos engañar: una es nuestra conciencia, y otra, nuestro Creador. Si somos honestos con nosotros mismos, nos será más fácil ser honestos con los demás.

32

JAMÁS INTERRUMPAS CUANDO ESTÉS SIENDO HALAGADO

Es común que nos sintamos incómodos cuando se nos está elogiando y tratemos de minimizar el halago. A veces por falsa modestia, otras por timidez, y aun otras por no creer en lo que la otra persona nos está diciendo. A pesar de que somos imperfectos, cada uno de nosotros tiene méritos. Mataji siempre nos dice que hay que dejar que las personas expresen lo que sienten porque este reconocimiento le sirve al que lo recibe como una lección. Cada apreciación sincera nos sirve en el camino hacia el encuentro con nuestro propio maestro interior. Ello no significa que no tratemos de ser objetivos y de discriminar lo que hay de cierto y lo que hay de falso en un halago. Cuando nos conocemos bien, es dificil dejarnos engañar con un elogio inmerecido.

A veces, algunos alumnos me dicen: "Tú salvaste mi vida". Creo que si bien pude haberlos ayudado, fueron ellos quienes produjeron el cambio en sus vidas. Con frecuencia, las personas no se dan cuenta de que el verdadero esfuerzo lo han hecho ellas y que el mérito del maestro es haber ayudado a encontrar el camino.

Sin embargo, un elogio sincero siempre debe ser escuchado y guardado en nuestro corazón, no para vanagloriarnos, sino para realimentar nuestros esfuerzos y nuestra motivación.

33

OCÚPATE DE TUS PROPIOS ASUNTOS

"Si no te llaman, no te metas", nos enseñaba Mataji. Hay personas que están metiéndose permanentemente en lugares donde no han sido llamadas. Si no ha sido pedido, el consejo no es bienvenido. Si la persona no está preparada, no puede ser ayudada.

La conocida autora Louise Hay decía que cada uno debe aprender a confiar en sí mismo, porque cuando sólo confía en los demás está dándole una parte importante de su propio poder al otro y se queda sin autoridad, esclavo de la decisión y de la forma de ser ajenas.

Aprendamos a centrarnos en nuestros propios asuntos para no malgastar nuestra energía. El cansancio y la falta de fuerzas provienen a veces del desgaste que implica el involucrarse excesivamente en los problemas de los demás.

"Sé lo suficientemente valiente como para aceptar la ayuda de otros", escribió el psicólogo Harold H. Bloomfield. Pensemos en esta interesante frase: al otro le hace falta valentía para aceptar lo que estamos dispuestos a darle.

Ocupémonos de nuestros asuntos, sin dejar de estar atentos a las necesidades de otros y a la posibilidad de que nuestro consejo o ayuda sean útiles y bienvenidos. Si mientras seguimos nuestro propio camino nos mantenemos plenamente conscientes de nuestras capacidades y auténticamente dispuestos, no dejarán de surgir oportunidades para dar lo mejor de nosotros mismos.

Tercera Parte

BUSCA LA FELICIDAD DENTRO DE TI

34

TU VALOR RESIDE EN SER TÚ MISMO

Un reconocido orador inició su seminario sosteniendo un billete de veinte dólares y preguntando a su auditorio:

—¿Alguien quiere este billete?

Varias personas levantaron la mano.

Entonces les dijo:

—Alguno de vosotros recibirá este billete, pero antes voy a hacer algo.

Tomó el billete con su mano, lo estrujó y volvió a preguntar si alguien todavía lo quería. Las manos del auditorio se mantenían en alto.

—Bien —dijo el orador—. ¿Y si hago esto?

Tiró el billete al suelo y lo pisoteó. Después lo recogió, sucio y maltrecho, y volvió a preguntar si todavía lo querían. Las manos continuaban levantadas.

—Amigos míos —comentó el orador—. Habéis aprendido una valiosa lección: no importa lo que le haga al billete, todavía lo queréis, porque su valor no disminuyó, todavía vale veinte dólares.

Muchas veces somos derribados y maltratados debido a las decisiones que tomamos y a las circunstancias que encontramos en nuestro camino, y nos sentimos como si ya no valiéramos nada. Pero no importa lo que haya sucedido o pueda suceder, jamás dejaremos de ser valiosos ante Dios y ante nosotros mismos. Recordémoslo, aprendamos de nuestros errores y no permitamos que los acontecimientos o los hombres nos destruyan.

35

APRENDE A SER PACIENTE

Nuestra cultura ha olvidado la paciencia. Estamos pendientes de los resultados de nuestras acciones y si tardan en producirse, nos sentimos estafados. A veces exigimos un éxito inmediato, como aquella alumna que vino a tomar una clase de yoga por primera vez. Llegó tarde, y cuando terminó la clase, la vi descontenta y le pregunté:

—¿Cómo estás?

—Muy mal.

—Pero, ¿por qué?

—Y... porque no me has enseñado muchas posturas que quería aprender.

Le pregunté a qué hora había llegado y me dijo que había entrado a la clase quince minutos tarde (suelo pedirle a los alumnos nuevos que vengan un rato antes de la primera clase para que me cuenten acerca de sus necesidades).

La gente pide mucho, pero se olvida de dar en la misma medida. Hay personas que desean aprender en una sola clase lo que lleva tiempo, trabajo y esfuerzo. Esta alumna regresó, pudo controlar su ansiedad, puso empeño en su trabajo, y llegó a realizar aquellas posturas que siempre había soñado practicar.

36

CULTIVA EL DESAPEGO

El Bhagavad Gita, uno de los libros sagrados de la India, dice que tenemos que desarrollar dos virtudes: amor y desapego. Amor hacia todo y todos y desapego con relación al fruto de nuestras acciones, que se deben dedicar a Dios.

Vivimos apegados a lo que somos y a lo que obtenemos. Estudiamos, nos capacitamos y trabajamos para conseguir dinero con el fin de comprar bienes, porque creemos que en los bienes está nuestra felicidad.Y cuando los adquirimos, nos aferramos a ellos porque nos ha costado alcanzarlos. Esto es aplicable tanto a pobres como a ricos. Un hombre puede tener una sola posesión en su vida y aferrarse a ella como si fuera el mayor tesoro del universo.

Vamos contagiando nuestros apegos a las generaciones futuras. Muchas veces tratamos de colmar a nuestros hijos de bienes o les damos dinero, para compensar el poco tiempo que les dedicamos o para evitarles las carencias que nosotros mismos vivimos, y se van tornando egoístas, ambiciosos y consentidos.

Cuando uno no espera nada, todo lo que recibe es mucho. Pero cuando espera aunque sea un poco, y no viene ni siquiera ese poco, se siente tremendamente decepcionado. Por eso, hagamos las cosas lo mejor posible, sin aguardar nada a cambio.

Mataji nos enseñó que si se pierde algo es porque ya no cumple una función en nuestras vidas y es mejor prescindir de ello. En 1989, durante un viaje a Suiza, decidimos con Iana e Indra Devi hacer un alto en el camino. Entramos en un café para descansar del fatigoso viaje, ya que ese mismo día habíamos arribado a Frankfurt. Nuestra maestra solía viajar con casi todo el dinero que poseía y había entrado al toilette con su bolsito. Cuando salimos del bar media hora después, se dio cuenta de que se lo había olvidado en la mesada del lavabo. Volvimos corriendo, pero ya no estaba. En lugar de afligirse, Mataji nos dijo: "Si lo perdí, debe ser porque hay una persona que lo necesita más que yo".

Después de eso, seguimos viaje y no volvimos a hablar nunca más del tema.

Un periodista estadounidense que había seguido el trabajo de Gandhi con admiración durante años, le preguntó un día: "¿Podría decirme el secreto de su vida en tres palabras?".

Gandhi no pudo resistir el desafío, y respondió sonriente: "¡Sí! ¡Renunciar y disfrutar!".

Para él todo el Bhagavad Gita era sólo un desarrollo de esas tres simples palabras, que resumen la sabiduría humana. Significan que para disfrutar de la vida, no tenemos que apegarnos en forma egoísta a nada: dinero, posesiones, poder o prestigio. Cuando nos apegamos, nos tornamos sus prisioneros.

37

¿CÓMO CONSTRUYES TU VIDA?

Un carpintero ya estaba en condiciones de jubilarse. Le contó a su patrón sobre sus deseos de dejar el negocio de la construcción de casas y vivir una vida más tranquila con su esposa, gozando de su familia numerosa. Extrañaría su paga, pero necesitaba retirarse.

El patrón lamentó que se fuese su buen trabajador y le preguntó si podría construir sólo una casa más, como un favor personal. El carpintero contestó que sí, pero al tiempo fue fácil observar que su corazón no estaba en su trabajo. Utilizó ayudantes no calificados y materiales inferiores. Era una manera desafortunada de terminar su carrera.

Cuando el carpintero terminó su trabajo y el patrón vino a inspeccionar la casa, este último le alcanzó una llave al carpintero y le dijo: "Ésta es tu casa, mi regalo para ti".

¡Qué golpe! ¡Qué vergüenza! Si sólo hubiese sabido que estaba construyendo su propia casa, el carpintero habría hecho todo de otra manera... Ahora tendría que vivir en una casa que estaba mal construida.

Así pasa con nosotros: construimos nuestras vidas de manera distraída, reaccionando en lugar de actuar. No dedicamos a nuestra tarea nuestro mejor esfuerzo y luego nos encontramos con que la situación que hemos creado es definitiva y que tendremos que convivir con ella por muchos años.

Imaginemos que somos el carpintero. Pensemos en nuestra casa, que es la vida: cada día clavamos un clavo, ponemos una madera o construimos una pared. Hagámoslo de manera inteligente, ya que ésta es la única vida que viviremos, al menos en la Tierra. Aun si la viviéramos por un día, ese día merecería vivirse con gracia y dignidad.

38

NO BUSQUES LA FELICIDAD EN LAS COSAS EXTERNAS

La felicidad real no es circunstancial como lo pueden ser el dinero, la amistad, o algún bien que tengamos, sino que es esencial a nuestra propia persona. El error que cometemos a menudo es creer que las cosas externas nos producen o nos traen la felicidad. Ésa es la causa de que estemos tan pendientes de lo material y tan alejados de las cosas del espíritu. La prueba de que la felicidad no reside fuera de nosotros, está en que algunas personas son profundamente felices sin posesiones, sin dinero y hasta sin personas que las quieran de un modo especial, porque han comprendido la naturaleza de su ser íntimo.

De acuerdo con Sai Baba, la felicidad no es algo que nos ocurre, sino algo que podemos procurarnos. La felicidad es una elección consciente, lo mismo que el amor. Lo que sucede es que los seres humanos desconocen sus posibilidades verdaderas y creen que son manejados por un destino arbitrario ante el cual no pueden luchar.

La felicidad depende del empeño que se pone en conseguirla. Cuando uno le dice a alguien "Sé feliz", en realidad le está diciendo que tenga cuidado con el alimento que le da a su espíritu, con la disciplina con que orienta su mente y con las virtudes que adquiere. Ser feliz significa mantener el equilibrio ante la adversidad, conservar alta la fe, cultivar el desapego, la entrega y la ecuanimidad.

39

ENTRA EN EL CÍRCULO DE LO POSITIVO

Cuántas personas que parecen tenerlo todo se quejan de manera continua; parece que se empeñaran en encontrar lo negativo en cada situación. Si solucionan un problema, encuentran otro, y si lo arreglan, al poco tiempo se topan con otro; así, caen en un círculo de negatividad que las paraliza y del cual es muy difícil salir.

Cierto día, una señora vino a verme y me dijo que estaba muy deprimida. Le respondí que el primer paso que podía dar era esforzarse por salir de su casa y comenzar a realizar actividades que le despejaran la mente, como el yoga. Pero ella no quería hacer nada, y solamente me hablaba de la muerte.

Cuando nos encerramos en nosotros mismos, sobreviene la depresión, la enfermedad y a veces el suicidio, que es la peor forma de morir. Creemos que terminamos con los problemas, pero en realidad nos los llevamos a la otra vida. Según la filosofía india, volvemos a nacer con los mismos conflictos no resueltos, que además vienen con la carga de intereses por todo el tiempo que no nos hicimos cargo de ellos. La práctica del yoga no resuelve todos los problemas, pero brinda el espacio para el cambio de actitud.

Hace poco, con Iana realizamos un viaje a Córdoba.* En el aeropuerto, nos recogió un automóvil que

Provincia argentina

nos condujo hasta el pueblo adonde nos dirigíamos. El camino era muy sinuoso y cuando miré hacia fuera vi que el automóvil marchaba sobre una ruta con numerosas curvas flanqueada por un precipicio. Observé estos detalles con cierta inquietud y mi molestia se vio acentuada cuando el chofer nos contó, a modo de anécdota, que ese lugar era conocido como la ruta de la muerte. Me di cuenta de que si me concentraba en esas historias desafortunadas, iba a arruinar mi viaje. Decidí no dejarme llevar por las historias negativas y llevar mi mente al círculo de lo positivo. Mirando por la ventanilla, quedé absorto rápidamente por la belleza del paisaje que nos rodeaba y por la obra que el hombre, con su ingenio y su destreza, había realizado en esa ruta. Quedé fascinado ante la maravilla de lo que podía lograr el ser humano, combinando su inteligencia con el paisaje natural. Antes, era una ruta transitada por mulas; hoy era una hermosa autopista que unía poblados muy distantes entre sí. Caí tan profundamente en la contemplación de esta hazaña, que sin darme cuenta cruzamos la sierra y en un abrir y cerrar de ojos habíamos llegado a destino.

40

AGRADECE TODO LO QUE TIENES

Cuenta la leyenda que Dios viaja por la Tierra todas las mañanas montado sobre una nube, repartiendo bendiciones a los seres humanos. Aquellos que miran para arriba y le agradecen cada día el hecho de estar con vida, reciben las bendiciones en su totalidad. Pero aquellos que siempre van mirando para abajo y no se alegran ante un nuevo día, no las reciben y desperdician la gracia derramada sobre ellos.

¿Por qué solemos acordarnos de Dios sólo cuando necesitamos algo? Nos comportamos como mendigos, pedimos constantemente y nos olvidamos de agradecer lo que ya tenemos, que es mucho. Y en la medida en que agradecemos los dones que poseemos, la gracia de Dios fluye mejor hacia nosotros y los dones aumentan. El agradecimiento no depende de la cantidad de dinero que tenemos o del lugar que ocupamos en la vida, sino del mero hecho de estar vivos. Debemos agradecer cada día la familia dentro de la cual nacimos, las paredes que forman nuestro hogar, el alimento que nos mantiene vivos, el trabajo que nos ocupa, los amigos con quienes compartimos nuestros días y los hijos que nos regala la vida, entre tantas otras cosas.

Este texto me lo entregó uno de mis alumnos.

Es maravilloso, Señor; tener mis brazos perfectos,
cuando hay tantos mutilados.

Mis ojos perfectos, cuando tantos no tienen luz.
Mi voz canta cuando otras enmudecen.
Mis manos trabajan, cuando tantas mendigan.
Es maravilloso, Señor, volver a casa,
cuando tantos no tienen adonde ir.
Es maravilloso, poder sonreír, amar, soñar, vivir,
cuando hay tantos que lloran, odian y mueren
sin haber vivido la vida.
Es maravilloso Señor, tener un Dios en quien creer,
cuando tantos no te conocen.
Es maravilloso, sobre todo, tener tan poco que pedir
y tanto que agradecer.

41

SÉ UN MOTIVADOR NATURAL

El ser humano tiene la opción de elegir entre dos actitudes: la de sufrir por lo que la vida no le dio, le quitó o le negó, o la de disfrutar de lo que la vida le sigue dando. Ya que no se puede en un mismo instante sufrir y disfrutar, ¿por qué no elegir gozar de lo que ya se tiene? Muchos alumnos ante esa afirmación me dicen: "Pero eso es dificil; uno en esos momentos no se acuerda...". Entonces, yo les pregunto: "¿Es fácil vivir mal?". "¿Es fácil vivir quejándose?" No, tampoco es fácil. Por eso, la lucha por vivir bien y ser felices vale la pena.

Así pensaba Larry, un hombre que siempre estaba de buen humor y siempre tenía algo bueno que decir. Cuando alguien le preguntaba cómo le iba, respondía: "Si pudiera estar mejor, tendría un gemelo".

Larry era un motivador natural: si un empleado tenía un mal día, Larry estaba ahí para decirle cómo ver el lado positivo de la situación. Cuando le preguntaban: "¿Cómo es posible que una persona sea positiva todo el tiempo?", él respondía: "Cada mañana me despierto y me digo a mí mismo: 'Larry, tienes dos opciones hoy: puedes escoger estar de buen humor o puedes escoger estar de mal humor'. Escojo estar de buen humor. Cada vez que sucede algo malo, puedo escoger entre ser una víctima o aprender de ello. Escojo aprender de ello.Y cada vez que alguien viene a mí para quejarse, puedo aceptar su queja o puedo señalade el lado positivo de la vida. Escojo el lado positivo de la vida".

Y si alguien protestaba que eso era demasiado difícil, Larry no lo discutía. Al contrario, aceptaba que era un reto, pero, después de todo, en la vida todo se trata de elecciones. "Cuando quitas todo lo demás, cada situación es una elección. Tú eliges cómo reaccionas ante cada situación. Tú eliges cómo la gente afectará tu estado de ánimo. Tú eliges estar de buen humor o de mal humor. En resumen: Tú eliges cómo vivir tu vida."

Este mismo hombre fue atacado por tres asaltantes una mañana en su negocio. Mientras trataba de abrir la caja fuerte, hizo un movimiento en falso y los asaltantes sintieron pánico y le dispararon.

Larry fue hallado con cierta rapidez y llevado rápidamente a un hospital. Después de largas horas de cirugía y semanas de terapia intensiva, fue dado de alta, aún con fragmentos de bala en su cuerpo. Pero al cabo de sólo seis meses, cuando le preguntaban cómo estaba, Larry volvía a decir: "Si pudiera estar mejor, tendría un gemelo".

Acerca del accidente, afirmaba: "Lo primero que vino a mi mente fue que debí haber cerrado con llave la puerta de atrás. Cuando estaba tirado en el suelo recordé que tenía dos opciones: Podía elegir vivir o podía elegir morir. Elegí vivir" .

Una vez en la sala de operaciones, vio las expresiones en las caras de los médicos y enfermeras, y realmente se asustó. "Podía leer en sus ojos: 'Es un hombre muerto'. Supe entonces que debía actuar..."

Cuando uno de los médicos le preguntó si era alérgico a algo, inspiró profundamente y declaró: "Sí, a las balas". Mientras reían les dijo: "Estoy escogiendo vivir, así que opérenme como si estuviera vivo, y no como si ya estuviera muerto".

Larry vivió gracias a la maestría de los médicos, pero sobre todo gracias a su asombrosa actitud. Porque la actitud, al final, lo es todo.

42

DISFRUTA COMO SI NADIE TE ESTUVIERA VIENDO

Durante mi niñez, pasábamos muchos fines de semana en la casa que mis padres tenían en San Miguel, una localidad de la provincia de Buenos Aires. Recuerdo la admiración que me despertaban los vecinos de enfrente. La dueña de casa era una mujer humilde que cada tanto venía a ayudar a mi madre en las tareas del hogar. Vivía en una morada muy sencilla —quizá la más pobre de la cuadra— y sin embargo, desde atrás del cerco se oían invariablemente las risas y las voces alegres de aquellos que la habitaban. Mientras que todas las demás propiedades del vecindario vivían puertas para adentro, ellos estaban de permanente festejo. No sé bien qué celebraban, dado que su situación no parecía cambiar sustancialmente ni aparentaban gozar de un gran patrimonio. Sin embargo, estaban siempre contentos, bailando al compás de la música tropical y en compañía de familiares y amigos hasta altas horas de la noche. Si bien admito que me perturbaba un poco el ruido, lo que más me molestaba, para ser sincero, era la alegría espontánea que ellos sentían y que no brotaba de mí con tanta naturalidad.

Cuando éramos niños seguramente supimos ser alegres, bulliciosos y espontáneos. En lugar de criticar o envidiar a los que se divierten, ¿por qué no intentar recuperar algo de esa alegría? Dejemos a un lado la vergüenza: si nos gusta bailar, bailemos, aunque no lo hagamos bien. Cantemos. Riámonos. Si nos permitimos ser alegres, tendremos alegría para dar.

43

CIÉRRALE LA PUERTA A LA NEGATIVIDAD

No te preocupes por ti mismo en lo más mínimo. Deja todas las preocupaciones a Dios. Creo que éste es un mandato común a todas las religiones.

MOHANDAS KARAMCHAND GANDHI

Hace unos años, mientras participábamos de un retiro espiritual y de meditación en Mont Abu, India, y cuando faltaban sólo cuatro o cinco días para irnos, comenzaron a ocurrir accidentes entre la gente que salía del encuentro. La ruta de regreso a la ciudad era un camino angosto, muy transitado y poco seguro, y además los indios conducen a toda velocidad. Por todo eso, eran frecuentes los accidentes automovilísticos.

Iana y yo empezamos a inquietarnos por el regreso y hubiera sido muy fácil caer en pensamientos obsesivos de catástrofes inminentes. Se nos ocurrió entonces tratar de meditar fijando la mente en pensamientos positivos.

Llegó el día de la partida y el taxi debía venir a buscarnos a las nueve de la mañana. Sin embargo, pasaron dos horas y no aparecía. Llamamos a otro coche, pero éste no podía venir hasta las cuatro de la tarde. Íbamos a perder el avión... Mientras decidíamos qué hacer, nos avisaron que el taxi que iba a venir originalmente se había accidentado. Miré a Iana y en esa mirada ella comprendió lo que yo estaba pensando: el Creador nos protege. El accidente había sucedido antes y no durante nuestro viaje. Gracias a Dios, no le había pasado nada al chofer. Pero reflexionamos que al estar tranquilos y confiados, las cosas habían sucedido de la mejor manera. Un taxi de reemplazo nos alcanzó al aeropuerto y pudimos tomarnos nuestro avión.

Hay que evitar abrirle la puerta a la negatividad y ni siquiera mirarla a través del ojo de la cerradura. Darle la espalda a los malos pensamientos y siempre pensar en positivo.

44

VIVIR BIEN VALE LA PENA

No es siempre sencillo mantener una actitud positiva: hacer las cosas bien, en especial cuando nos sentimos golpeados por las circunstancias. Pero vuelvo a preguntar: ¿Es fácil vivir mal? ¿Es fácil vivir presa del miedo? ¿Es fácil renunciar a tantos proyectos porque uno no se anima a hacer frente a una situación? No, ninguna de estas cosas es sencilla ni agradable A nadie le gusta vivir replegado. Nadie quiere ser desgraciado. Y no tiene por qué serlo.

Las personas son irrazonables, inconsecuentes
y egoístas.
ÁMALAS DE TODOS MODOS.
Si haces el bien, te acusarán de tener oscuros
motivos egoístas.
HAZ EL BIEN DE TODOS MODOS.
Si tienes éxito y te ganas amigos falsos
y enemigos verdaderos,
LUCHA DE TODOS MODOS.
El bien que hagas hoy será olvidado mañana.
HAZ EL BIEN DE TODOS MODOS.
La sinceridad y la franqueza te hacen vulnerable.
SÉ SINCERO Y FRANCO DE TODOS MODOS.
Lo que has tardado años en construir puede ser
destruido en una noche.
CONSTRUYE DE TODOS MODOS.

Alguien que necesita ayuda de verdad puede atacarte
si le ayudas.
AYÚDALE DE TODOS MODOS.
Da al mundo lo mejor que tienes y te golpearán
a pesar de ello.
DA AL MUNDO LO MEJOR QUE TIENES
DE TODOS MODOS.

MADRE TERESA DE CALCUTA

45

¿QUÉ ESTÁS ESPERANDO PARA SER FELIZ?

Alfred D. Souza escribió: "Durante mucho tiempo parecía que la vida estaba a punto de comenzar. La vida de verdad. Pero siempre había un obstáculo en el camino, algo que resolver primero, algún asunto sin terminar, tiempo por pasar, una deuda que pagar. Entonces la vida comenzaría... Hasta que me di cuenta de que estos obstáculos eran mi vida".

Vivimos a veces como si estuviéramos esperando que sucediera algo para comenzar a disfrutar de la vida... Nos convencemos de que la vida será mejor después de casarnos, después de tener un hijo, después de tener otro... Pensamos que seremos más felices cuando nuestros hijos crezcan, y después nos desilusionamos porque se vuelven adolescentes intratables y pensamos que seguramente seremos más dichosos cuando salgan de esta etapa. Nos decimos que nuestra vida estará completa cuando a nuestro esposo/a le vaya mejor, cuando tengamos un mejor automóvil, una mejor casa, cuando nos podamos ir de vacaciones, cuando podamos retirarnos. La verdad es que no hay mejor momento para ser felices que éste. ¿Si no es ahora, cuándo?

46

NO TRAIGAS DE VUELTA EL PASADO

Muchas personas están constantemente trayendo el pasado al presente. Tal vez estén pasando por un estado de depresión o ansiedad, con múltiples preocupaciones, y se refugian en recuerdos de tiempos en los que supuestamente estaban libres de problemas. No todo tiempo pasado fue mejor. Mataji Indra Devi nos enseña a vivir el "eterno presente", tratando de ver de qué manera podemos sacarle el jugo, cómo podemos crear paz y armonía en nuestras vidas y de qué forma podemos reencontrarnos hoy con el amor y la ternura. Y cuando menos lo esperamos, aparece una oportunidad para ser felices. ¿Mirar hacia atrás? Sí, para reflexionar sobre el camino recorrido y darnos cuenta de todo lo que hicimos, pero también de todo lo que nos queda por hacer. Muchas veces nos apegamos a las cosas que hicimos o a lo que fuimos. Pero todo ello quedó atrás. Lo realmente importante es lo que nos está pasando hoy. Hoy estamos aquí, en esta nueva situación, cumpliendo este nuevo papel. No somos los mismos de antes, porque hemos cambiado. Todos hemos cambiado. ¡Menos mal!

Todos los días, el Creador nos entrega una hoja en blanco para reescribir aquello que no hicimos bien ayer.

Has escrito muchas páginas en tu libro.
Unas son tristes, otras alegres;
Unas son limpias y claras,

Otras son borrosas y oscuras.
Pero aún queda una página en blanco, la que has de escribir en este día.
Te falta llenar la página de hoy.
Piensa y quiere que ésta sea la página
Más bella, la más sincera, la más sentida.
Cada mañana al despertar, recuerda
Que aún has de llenar la mejor de tus páginas,
La que dirá lo mejor que tú puedas dejar en el libro
Que estás escribiendo con tu propia vida.
Piensa que siempre te falta por escribir
La página más bella.

RABINDRANATH TAGORE

47

¿EN QUÉ ETAPA ESTÁS?

¡Hola! Me llamo Salvador, tengo un año y medio de edad, aunque no sé qué significa eso. Lo que sí sé es lo que siento cuando se me cae el sonajero, cuando entre las sábanas se me pierde mi osito de peluche. Es tal mi desesperación que lloro y grito muy fuerte para que mis padres me oigan y acudan en mi auxilio. ¡Qué angustia! Esos sí son problemas delicados.

¡Hola! Soy Salvador, tengo siete años, me gusta jugar al fútbol. El mes pasado me saqué un diez en matemáticas y adivinen qué me compraron: una pelota profesional. Yo era el niño más feliz del mundo. Todo era felicidad hasta hoy, porque mi pelota se rompió y mi madre me dijo que no va a volver a comprarme otra porque no sé cuidarlas. ¡Qué angustia! Estos sí son problemas complicados.

¿Qué tal? Tengo catorce años y me llamo Salvador Sierra. A veces me pongo a pensar quien soy. ¿Por qué nací aquí? ¿Qué será de mi futuro? ¿Por qué soy yo y no otra persona? En realidad me doy cuenta de que son tantas cosas en qué pensar, que la vida se va haciendo más difícil y francamente es imposible descifrar su enigma. ¡Qué angustia! Estos sí son problemas complicados.

¡Hola! ¿Cómo estás? Me llamo Salvador y voy a cumplir la grandiosa cantidad de dieciocho años. Reprobé cuatro materias y creo que estoy perdido. Soy un fracaso, no sirvo para nada. No quiero pensar en esa mirada de mi padre al ver mis calificaciones. Sus ojos van a parecer los de un león furioso.

Y eso no es todo: creo que lo que me tiene peor es esa chica que conocí hace un tiempo. Creo que estoy enamorado de ella, pero ni me mira. No sé qué hacer, no sé qué decir, no sé cómo actuar. Esta vida no vale nada. ¡Cómo me gustaría ser niño otra vez, volver a tener esa edad en que uno no tiene problemas! ¡Qué angustia! Estos sí son problemas complicados.

Buenas tardes, soy el licenciado Salvador Sierra. La empresa donde trabajo no me paga lo que en realidad me merezco. He estudiado toda una vida ¿y esto es lo que recibo? ¡No es posible! Con esta crisis que nos ahoga a todos y con este gobierno corrupto que tenemos, me estoy hundiendo en la desesperanza. Ya no soy tan feliz como cuando era adolescente; entonces no tenía preocupaciones, no tenía responsabilidades. ¿Qué problemas podía tener? Tenía casa, comida, ropa, todo resuelto. Mi única obligación era estudiar. Les diré una cosa: prepárense para el futuro porque está lleno de problemas complicados. ¡Qué angustia!

Mucho gusto, soy Salvador Sierra Rivas, doctor en Derecho. Soy padre de familia. No es fácil serlo, aunque de mis hijos no me puedo quejar. A la que no soporto es a mi esposa. No es la misma que conocí hace dieciocho años. ¡Bendita edad! Se construyen castillos en el aire, se sueña con ser millonario, famoso, o con triunfar en una carrera profesional. Ahora todo es diferente; la vida es más dura de lo que parece en realidad y estoy sintiendo una gran angustia al no poder hacer nada por cambiarla. Definitivamente, estos sí son problemas complicados.

¡Ya soy abuelo! Mi nieto se llama Salvador, como yo. Gracias a Dios nació saludable. ¡Qué suerte tendría si pudiera disfrutarlo con salud! Si yo la tuviera, sería el hombre más feliz del mundo, haría tantas cosas que no puedo hacer... Caminaría por el parque de la mano de esa bendita mujer que tengo hace más de cuarenta años, jugaría con mi nieto a la pelota, viajaría de vez en cuando con el dinero que logré reunir y que ahora se me va en medicinas. ¡Qué lástima que la vida sea tan angustiosa y yo esté lleno de problemas!

¿Qué pasa? No sé dónde estoy. Sólo veo una luz, el resto es oscuridad. Hace un tiempo dejé de vivir, pero sigo existiendo. Tarde me di cuenta de que la vida es más sencilla de lo que parece, de que en realidad estuve muerto en vida, quejándome de todo, sintiendo que la vida era sufrimiento. No entiendo por qué me preocupaba por un sonajero o por una pelota rota. ¡Qué importaba que debiera cuatro materias o todas las materias! ¿Por qué le tenía miedo a esa chica que llegó a ser mi esposa y que sólo de viejo supe valorar? ¿A quién diablos le importa el costo de la vida o el gobierno? ¿Por qué me preocupaba tanto por mi salud cuando en realidad podía haber disfrutado de muchas cosas de todos modos?

Lo más importante era que estaba vivo, tenía sueños y esperanzas. Yo mismo me impuse el peor castigo: no vivir la vida. Tarde me di cuenta de que en realidad no existen los problemas complicados; tarde me di cuenta de que el secreto de una vida plena es vivir intensamente cada momento; tarde me di cuenta de que el secreto es aprovechar cada día y ser feliz con lo que se tiene.

48

LA FELICIDAD ESTÁ AL ALCANCE DE LA MANO

Para ser feliz no se necesita emprender grandes proyectos, pues son los pequeños actos de la vida cotidiana los que nos aportan la mayor felicidad: escribirle una carta a una persona que está muy sola, visitar a un enfermo, darle el asiento a alguien en el autobús, ayudar a un anciano a cruzar la calle, ofrecerle el lugar a una persona en el banco... ¿Cuál es la sensación inmediata al realizar estos gestos? Una dicha intensa... No es una cuestión de dinero ni de tiempo, sino de estar atentos. En cualquier momento, Dios nos pone a alguien necesitado en el camino. Enfrascados en nuestras luchas cotidianas, a veces no nos damos cuenta de que la felicidad está al alcance de nuestra mano.

La naturaleza, la música, los libros, los niños... ¿Cuántas otras fuentes de felicidad nos rodean, y a veces no las vemos o no les dedicamos unos minutos al día?

La felicidad no es una vuelta; es un camino. Así que atesoremos cada momento que tenemos y dejemos de esperar. Trabajemos como si no necesitáramos dinero, amemos como si nunca hubiéramos amado y bailemos como si nadie nos estuviera viendo. Pero, por favor, ¡hagámoslo hoy!

Cuarta Parte

APRENDE A CONVIVIR EN ARMONÍA

49

ACEPTA A TU SEMEJANTE

Para una persona que ha renunciado a la violencia, el mundo entero es su familia.

MOHANDAS KARAMCHAND GANDHI

A veces, no comprendía algunas actitudes de Mataji porque las consideraba erróneas para un maestro. Ella no disentía conmigo de manera directa, simplemente me decía:

—David, la puerta está abierta. Puede irse cuando guste.

Sonaba muy duro, pero en realidad Mataji estaba reconociendo que entre los dos podía haber diferencias y que ella no me obligaba a nada. Con el tiempo, me di cuenta de que a pesar de no compartir algunos aspectos de su enseñanza, me era posible aceptar su forma de ser y respetarla, ya que era mi maestra.

Debemos aprender a admitir a los otros tal cual son; ver de qué manera se puede lograr una mejor relación, sin negar sus diferencias con nosotros y aprovechando todo lo bueno que tienen para dar. Así como el niño es aceptado incondicionalmente por sus padres, también nosotros debemos aceptar a nuestros semejantes, alentarlos a seguir su propio camino y acompañarlos cuando se debilitan o caen.

Si como Gandhi, optamos por la tolerancia y la comprensión, para nosotros también el mundo entero será nuestra familia.

50

VALORA LA DIVERSIDAD

La diversidad es uno de los principios básicos de la Creación. No hay dos copos de nieve, dos hojas de hierba o dos personas que sean iguales.

LYNN MARÍA LAITALA

En el año 1990, Swami Satchidananda vino a la Argentina para participar de un congreso internacional de yoga en el que sería el orador más importante. Cuando estaba terminando la última sesión, subió al escenario, me hizo acompañarlo y me agradeció públicamente por haberlo invitado. Luego, llamó a Iana y dijo:

—Quiero presentarles a la mejor mitad de David.

Al principio no me di cuenta de quién hablaba. Pero Swami continuó:

—Porque Iana tiene todo lo que él no tiene, y David, todo lo que a ella le falta.

A menudo, los seres humanos se atraen más por sus diferencias que por sus semejanzas, porque intuyen de alguna manera que el otro podrá enriquecerlos con aquello de lo que carecen.

A partir de ese momento, comencé a ver a Iana como esa parte mía que ella conoce mejor que nadie, esa parte que yo no tengo pero que necesito para ser una persona más completa. Poco a poco, vamos aceptando el hecho de que somos incompletos, hasta que lo incorporamos y aceptamos totalmente como parte de nosotros. Es como si a una persona diestra alguien le dijera: "Mira, desde hoy, tienes que empezar a usar también la mano izquierda", y esa persona debiera hacerse experta usando dicha mano. No es sencillo, pero nos conviene, si podemos y la tenemos, contar con la destreza de ambas manos.

Valoremos la diversidad. Dios nos ha hecho diferentes para que nos complementemos unos a otros: nuestros semejantes poseen aquello que nos falta, y nosotros podemos aportarles aquello de lo que carecen.

51

PAGA EL MAL CON EL BIEN

Uno de los conceptos de Gandhi que más me cautivaron fue el de *satyagraha*. En sánscrito, *satya* significa "verdad" o "amor", ambos atributos del alma; *agraha* es firmeza o fuerza, de modo que *satyagraha* significa fuerza de la verdad o del amor.

"La satyagraha", escribió Gandhi, "es la reivindicación de la verdad, causándole sufrimiento no al adversario sino al propio yo". La manera de "combatir" al adversario, según este extraordinario líder, es liberándolo del error mediante la verdad. La *satyagraha* supone una constante interacción positiva entre los adversarios, que juntos buscan la reconciliación final. La violencia obstruye este fin.

Gandhi nunca procuró humillar o derrotar a los blancos en Sudáfrica o a los ingleses en la India. Quería convertirlos con la fuerza del amor.

La satyagraha invierte la política del "ojo por ojo y diente por diente", conocida como la Ley del Talión y difundida por Moisés. En lugar de pagar el mal con el mal, Gandhi sigue las enseñanzas de Jesús:"Si te pegan en una mejilla, pon la otra". Este gran maestro creía que había que pagar el mal con el bien, hasta que el adversario se cansara del mal. Muchas veces demostró que los hombres más humildes podían ser buenos y magnánimos, aun en circunstancias límite.

En nuestra sociedad nos cuesta poner la otra mejilla porque el ego que habita en cada uno de nosotros es demasiado grande. Muchas veces he sufrido la agresión de quienes no están de acuerdo con mi trabajo. Y cuando se lo comentaba a Mataji, ella me decía: "Mire, David, cuando un árbol da frutos, muchos quieren tomarlos. Pero no agreda a quien lo ataca ni responda con golpes a quien pretenda derribarlo".

> Satyagraha *es amable, y nunca hiere. No puede ser el resultado de la ira o la malicia. Nunca es impaciente, nunca agrede, nunca vocifera. Es el opuesto de la compulsión, y un sustituto total de la violencia.* Satyagraha *es una fuerza que trabaja en forma silenciosa y aparentemente lenta. En realidad, no hay fuerza en el mundo que sea tan directa ni tan rápida en su accionar.*
>
> MOHANDAS KARAMCHAND GANDHI

52

ABRE TU MANO

Saber cómo se conducen los demás requiere inteligencia,
pero conocerme a mí mismo requiere sabiduría.
Manejar las vidas de los demás requiere fuerza,
pero manejar mi propia vida requiere verdadero poder.

JOHN HEIDER, EL TAO DE LOS LÍDERES

Un profesor de filosofía, a quien estimo mucho, se había involucrado en una controversia religiosa y filosófica con un instructor de yoga. Esta disputa le hacía mucho mal a mi amigo, hasta que un día le pregunté: "¿Cuánto vale su tiempo?".Y él me respondió: "Mi tiempo es precioso". Entonces reflexioné: "Si su tiempo es precioso, ¿por qué se empeña en malgastarlo en discusiones inútiles, en una lucha en la cual no habrá ni vencedores ni vencidos? Dé un paso al costado. Hay tanto por hacer; usted tiene tanto para darnos, que no tiene sentido derrochar su tiempo".

Este profesor me escuchó y dejó de pelear con su adversario. Poco después me dijo: "David, me di cuenta de que tenía razón. Perdí tanto tiempo tratando de demostrar que tenía razón que descuidé otros aspectos de mi vida y me estaba quedando sin energía para hacer lo que realmente me importa".

Para reñir se necesitan al menos dos personas que estén dispuestas. Siempre recuerdo a Patañjali —filósofo que compiló la tradición oral del yoga—, que nos dice: "Se alcanza la serenidad de la mente practicando la benevolencia con el que es feliz; la compasión con el que sufre; la alegría con el que goza y la indiferencia con el vicioso". Cuando hay un solo contrincante en el ring, no se produce pelea.

Indiferencia no significa desgano ni falta de interés. Si el que se acerca a nosotros tiene una buena disposición, merece nuestra atención. Pero si viene a nosotros sin estar dispuesto a recibir lo que le podemos dar, es mejor ignorarlo. No hay que malgastar tiempo ni energía en una persona que no quiere ser ayudada.

Cierta vez, Mataji me tomó la mano y me dijo:"David, déme su mano pero cierre el puño" .Yo hice lo que me pidió y ella extendió su palma abierta. Mirándome, siguió: "En este momento, David, yo le quiero dar. ¿Puede usted recibir?". "No", le respondí.

No es posible tomar nada si nuestra mano está cerrada.

53

SI NO ESTÁS PREPARADO, NO PODRÁS RECIBIR AQUELLO QUE TE OFRECEN

Mi hija Paula y su marido son una pareja joven que está dando sus primeros pasos y se comporta por momentos de manera impulsiva, cambiando de opinión con mucha rapidez. Hace poco, Paula necesitaba un pintor y le recomendé uno. Después de conocerlo, me llamó para decirme:

—Papá, ¡cobra muy barato este pintor!

—¡Qué suerte! —le dije—. Entonces, ¿pintará toda la casa?

—No, no pintaremos la cocina.

—¿Por qué no?

—Porque está en buen estado, y además no debemos gastar mucho. . .

—Paula, si este pintor te cobra la mitad que otro, por qué no aprovechas y pintas todo...

—Mira, papá, deja que lo resuelva yo.

Ante la vehemencia de mi hija, decidí no insistir.

Dos semanas después, Paula llamó para preguntarme:

—Papá, ¿puedes mandarme nuevamente al pintor?

—¿Por qué? —le pregunté extrañado, ya que supuestamente había terminado con todo el trabajo.

—Porque finalmente decidimos pintar la cocina.

Esta vez le dije que hablara ella misma con el pintor y que hiciera por su cuenta todos los arreglos.

A veces tratamos de ayudar o aconsejar, pero el otro no está preparado para recibir nuestra ayuda. Es preferible entonces mantener una distancia prudente para dejar que aprenda solo y acudir en su auxilio solamente cuando lo pide expresamente.

54

¿PROCEDES COMO UN GANSO?

En una oportunidad fuimos invitados a dar una charla con Iana en un sindicato. Mientras esperábamos para comenzar, percibimos un malestar que flotaba en el aire. Luego nos enteramos de que no se ponían de acuerdo en la forma de implementar un proyecto que estaba en discusión. El debate se había vuelto encendido y los afiliados discutían de manera acalorada, cada uno tratando de imponer sus propias ideas. Por casualidad, yo traía en mi bolso un folleto que recibí, en el que figuraba el siguiente texto, que fue leído antes de comenzar la reunión:

> El próximo otoño, cuando veas los gansos dirigiéndose hacía el sur para el invierno, fíjate que vuelan formando una V. Tal vez te interese saber lo que la ciencia ha descubierto acerca de por qué vuelan en esa forma; se ha comprobado que cuando cada pájaro bate sus alas, produce un movimiento en el aire que ayuda al pájaro que va detrás de él. Volando en V, la bandada completa aumenta su poder por lo menos un setenta y uno por ciento más que si cada pájaro volara solo.
>
> Cada vez que un ganso se sale de la formación, siente inmediatamente la resistencia al aire, se da cuenta de la dificultad de hacerlo solo y rápidamente regresa a su formación para beneficiarse del poder del compañero que va delante.

Si nosotros tuviéramos la inteligencia de un ganso, nos mantendríamos con aquellos que se dirigen en nuestra misma dirección.

Cuando el líder de los gansos se cansa, se pasa a uno de los lugares de atrás y otro ganso toma su lugar.

Obtenemos mejores resultados si tomamos turnos haciendo los trabajos más difíciles.

Los gansos que están atrás graznan para alentar a los que van adelante a mantener la velocidad.

Una palabra de aliento produce grandes beneficios.

Finalmente, cuando un ganso se enferma o cae herido por un disparo, otros dos gansos salen de la formación y lo siguen, para ayudarlo y protegerlo. Se quedan acompañándolo hasta que esté nuevamente en condiciones de volar o hasta que muera, y sólo entonces los dos acompañantes vuelven a su bandada o se unen a otro grupo.

Si nosotros tuviéramos la inteligencia de un ganso nos mantendríamos uno al lado del otro, apoyándonos y acompañándonos.

Quizás éste sea el momento para aprender a ser ganso.

Cuando terminaron de leerlo, todos aplaudieron y la reunión transcurrió en un clima cordial, ya que los participantes se habían dado cuenta de que las personas que comparten una dirección común pueden llegar a donde lo desean más fácil y rápidamente que aquellos que quieren alcanzar sus metas de manera individual.

55

SI HAS COMETIDO UN ERROR, TOMA MEDIDAS INMEDIATAS PARA CORREGIRLO

Los errores suceden porque somos humanos. Cuando actuamos mal, tenemos un mayor o menor grado de responsabilidad en las consecuencias de esa mala acción —dependiendo de la intención que pusimos en realizarla— y podemos intentar corregir el rumbo, aunque a veces pueda resultar demasiado tarde. Pero más allá de si se puede "deshacer" el error o no, lo importante es reconocerlo y pedir perdón. Sin embargo, nos cuesta admitir que nos equivocamos porque la vergüenza y el ego se interponen en nuestro camino, como pude volver a comprobar hace unos meses.

Un mediodía, cuando llamé a la sede de la Fundación en el barrio de Palermo, me atendió una secretaria muy agitada.

—David —me explicó—, vino una persona que padece del mal de Parkinson en estado muy avanzado y quiso tomar una clase de prueba en un grupo que no era el adecuado. Me pareció que era un problema que escapaba a mi competencia, así que le pedí a la instructora que se hiciera cargo de él. Pero cuando lo hice, ella se enojó conmigo y me dijo que no lo haría. Discutimos y terminamos enemistándonos.

El señor asistió a la clase de todas maneras y no le pasó nada, pero la secretaria insistía en que la instructora había actuado mal por no haber querido asumir la responsabilidad de esa decisión.

Reflexioné y le dije:

—Ambas actuaron mal, porque cualquiera de las dos estaba en condiciones de decirle al hombre que, debido a su condición física, necesitaba un certificado médico para iniciar su práctica de yoga y lo asignáramos a un grupo especial.

Pero en lugar de admitir que ella tampoco había actuado bien, la secretaria se obstinaba en defender su posición y se resistía a llamar a la instructora para pedirle disculpas.

A menudo, nos cuesta bajar la cabeza y pedir perdón cuando ofendemos a alguien o procedemos mal. El yoga es una buena práctica para ayudar a eliminar esta arrogancia que se instala en nuestra alma y nos impide pedir perdón. Mataji siempre nos dice que cuando creemos que podemos haber herido a otro, tenemos que acercarnos sin demora y preguntarle: "¿Qué error he cometido? ¿Por qué me tratas así? ¿Te dolió lo que te dije? Perdóname". Cuando nos colocamos en esa posición, el otro deja de sentir rabia y se posibilita un acercamiento, porque estamos mostrando buena voluntad para solucionar el problema. Pero cuando nos obstinamos, cuando decidimos medirnos con el otro para ver quién es más fuerte, difícilmente podamos recomponer la relación.

56

NO JUZGUES A LOS DEMÁS

Cuando conocemos a alguien, es posible que lo prejuzguemos a partir de lo que sabemos acerca de sus parientes o amigos: según estos sean buenas o malas personas, le ponemos la marca a quien acabamos de conocer. Sin embargo, cada uno tiene un sello personal que lo hace diferente.

También puede suceder que una mala experiencia con alguien nos haya dejado una idea de cómo va a ser esa persona de allí en más. En este caso podemos darle una segunda oportunidad. Si fuimos defraudados por un amigo, consideremos que la vida pudo haberlo cambiado y tal vez hoy esté arrepentido de sus acciones pasadas. A lo mejor no conocíamos todas las razones que lo llevaron a actuar de una manera que nos disgustó, o no las podríamos comprender porque sus circunstancias son muy diferentes de las nuestras. Siempre debemos dejar las puertas abiertas y no juzgar. Hay mucha verdad en la frase: “No juzgues a los demás sin haberte puesto en sus zapatos”.

57

APRENDE A INTERPRETAR LOS CÓDIGOS AJENOS

Hace un tiempo, la hija de una de nuestras alumnas, una niña de seis años, vino a compartir unas clases de yoga con nosotros. Pensando que le iba a gustar y para establecer un temprano diálogo corporal con ella, la abracé y le di un beso. Ella no lo esperaba y su primera reacción fue de rechazo, como si estuviera cerca de un sujeto desagradable. Entonces, pensé que era mejor no insistir y dejar pasar un poco de tiempo para establecer una comunicación más profunda con la niña. Al cabo de algunas clases más y al final de una de ellas, le comenté a nuestra pequeña aprendiz que sus compañeros se sentían muy contentos con su presencia, y que me parecía una buena idea que les diera un beso a cada uno, si ella estaba de acuerdo. Noté cierta reticencia en su gesto, y me contestó: "Hoy no tengo suficiente cantidad de besos para todos". Entonces, antes de que se retirase con su madre del aula, le dije:

—Lucía, la próxima vez que vengas, cárgate bien de besos, así después de la clase tienes suficientes para repartir a tus compañeros.

Al finalizar la siguiente clase, le pregunté:

—¿Hoy cómo estás...? ¿Te cargaste de besos?

La niña me respondió con una sonrisa de satisfacción. Se paró y, caminando alrededor de toda la sala, fue besando a cada uno de los alumnos que habían asistido ese día. Pero cuando llegó a mí, se abalanzó queriéndome abrazar y, cuando estaba a punto de darme un beso, simulé que caía al suelo.

Ella se puso a reír, mientras trataba de incorporarse. Instantes después, le dijo a su madre, muy excitada:

—Mamá, ¿sabes que ocurrió? ¡Cuando iba a abrazarlo a David, nos caímos los dos! ¡No sabía que yo pesaba tanto!

Bastó una situación graciosa para que finalmente se derritiera el hielo entre nosotros.

Cada persona tiene sus códigos y sus tiempos, que debemos respetar si queremos llegar a su corazón. Según Mataji no hay seres malos, serios o de mal carácter, sino personas con dolor o con tristeza en el alma, y son ellos los que más cariño necesitan.

58

SOBRE TODO, NO OFENDAS

La verdad reside en cada corazón humano, y debemos buscarla allí y dejarnos guiar por ella tal como la vemos. Pero no tenemos el derecho de forzar a otros para que actúen según nuestra verdad.

MOHANDAS KARAMCHAND GANDHI

Es más fácil ser muy críticos con los demás y no ver nuestros propios defectos. Ya lo decía Jesús: "Es más fácil ver la paja en el ojo ajeno que la viga en el propio". Tenemos que aprender a aceptar las diferencias de opinión, los estilos de vida disímiles y las creencias divergentes. A veces, será posible cambiar el parecer del otro; otras, no. Y a veces seremos nosotros quienes cambiaremos de opinión.

Pero lo peor que podemos hacer es ofender al que no opina como nosotros, porque creamos un abismo donde antes sólo había una diferencia. Los gritos y los insultos destruyen algo que es muy dificil de reparar. Podemos estar en contra de un argumento, y si es así, centrémoslo en él y no en la persona. Aunque estemos en desacuerdo, o sepamos que el otro se equivoca, debemos respetar su dignidad.

59

ELIGE EL MOMENTO PARA DECIR LA VERDAD

Tan importante como manifestar la verdad, es elegir el momento y la manera en que se dice. Si sabemos que le vamos a causar un disgusto a alguien, tenemos que ser cuidadosos, para preparar a la persona a recibirla mental y espiritualmente.

Eso es algo que tuve que aprender. Yo era una persona muy directa para decir las cosas, y a veces la gente lo tomaba mal y se enojaba conmigo. Pero luego, la experiencia me enseñó que hay que elegir el momento para decir ciertas palabras y la forma de hacerlo. A veces, es preferible proceder de manera gradual, porque no todos están en condiciones de escuchar una noticia inesperada, que tal vez signifique un cambio radical en su vida. Cuando procedemos de manera frontal, podemos lastimar, asustar o hacer sufrir.

Así como una fruta necesita su tiempo para madurar y ser tomada fácilmente del árbol, también la verdad debe meditarse, para que cuando se comunique en su totalidad pueda ser aceptada por quien la recibe.

Cuando quiero contarle a Iana acerca de un proyecto nuevo, por ejemplo, trato de no comunicarle toda la idea desde un principio, sino por etapas. La primera semana, le cuento una parte; la siguiente, otra, y así la voy preparando lentamente. Cuando llega el momento de tomar la decisión final, está más predispuesta a entender por qué me quería embarcar en él.

60

A VECES ES MEJOR NO INSISTIR

Una vez, una señora que tenía un restaurante ruso invitó a Mataji a comer allí, ya que sabía que había nacido en Rusia. Pero la comida que le sirvió no era apetitosa, y nuestra maestra no comía todo lo que había en su plato. Entonces, la señora se acercó y le preguntó:

—Mataji, ¿cómo está la comida?

Mataji trató de evadir la pregunta y comenzó a hablarle de otros temas.

Al rato, la señora le volvió a insistir:

—Mataji, ¿me puede decir cómo está la comida?

Ella volvió a cambiar de tema, sin responderle. Entonces, la señora no pudo más y le suplicó:

—Mataji, ¿por qué no me dice cómo está la comida?

—Niña, ¿sabe una cosa? Mejor no pregunte, porque... ¡yo no puedo mentir! —le respondió Mataji, poniendo fin a toda duda.

61

SI TIENES UN CONFLICTO, ENFRÉNTALO

A veces nos cuesta pedir disculpas porque nos da vergüenza o nos parece poco digno. No siempre es fácil decir "lo siento" o "me equivoqué", pero no hay nada indigno en ello. Al contrario, lejos de debilitarnos, admitir que cometimos un error o que necesitamos un poco de tiempo adicional para poder solucionar un problema, nos hacen más fuertes a nuestros propios ojos y a los de los demás. Pero, ¿por qué nos rehusamos a hacerlo?

Hace unos años, cuando había dejado de trabajar para mi padre y comenzado un nuevo camino con la enseñanza del yoga, estaba pasando por una dificil situación económica y me había retrasado en el pago de las expensas comunes del edificio donde vivía. No sabía qué hacer y temía que los demás perdieran la paciencia y vinieran a recriminarme. La situación se me hizo tan insostenible que sentía hasta vergüenza al entrar o salir de casa. Me parecía que cuando me cruzaba con alguno de mis vecinos y nos saludábamos, detrás de ese saludo había una mirada de reproche. Así no podía seguir.

Finalmente, me animé y pedí una reunión con los miembros del consorcio, en la cual les expliqué que el motivo por el cual estaba en mora para pagar las expensas era momentáneo. Mirándolos a los ojos, les aseguré que estaba trabajando arduamente para remediar la situación y confiaba que en poco tiempo todo se normalizaría. Aquella gente reaccionó de una manera sorprendente y de una forma que jamás hubiera imaginado: me dijeron que no me preocupara y que pagara cuando y como pudiera. Valoraban mi franqueza y sabían que no los quería perjudicar.

A partir de ese momento, la relación con todos ellos mejoró notablemente. Pude solucionar el problema pocos meses después y pagar lo que debía, pero lo que más apreciaron fue la actitud sincera que había tenido con ellos. Esta experiencia me sirvió para comprender que podía enfrentar la situación, dar la cara y bajar el nivel de orgullo que llevaba adentro. Pude establecer una nueva relación no sólo con mis vecinos sino conmigo mismo.

A veces, una dificultad es una oportunidad para comenzar una nueva y más profunda relación con los demás.

62

NO PERMITAS QUE UNA PEQUEÑA DISPUTA DAÑE UNA GRAN AMISTAD

Cuando preguntamos a alguien si tiene buenos amigos, nos suelen responder que sí, pero que son pocos. No es fácil tener amigos de verdad. Durante la niñez, somos más inocentes y aceptamos sin reservas a un mayor número de personas, a quienes nos entregamos por entero. Pero a medida que vamos creciendo, toman más recaudos, y cada vez son más los amigos efímeros.

La vorágine en la cual vivimos, la falta de tiempo, el contacto con mucha gente y otros avatares de la vida contemporánea también hacen que las amistades sean menos estables. Hasta hace unos años, una persona nacía, vivía y moría dentro del mismo barrio y se relacionaba con la misma gente. Hoy apenas tenemos tiempo para cumplir con nuestras obligaciones inmediatas y hay pocas oportunidades para alimentar una amistad. Sin embargo, los amigos son esenciales en la vida. Son los verdaderos amigos quienes nos mantienen por encima de la superficialidad y del materialismo que existen en nuestra sociedad. Por ello debemos cuidar hasta la más pequeña amistad: dedicarle energía, tiempo y cuidado. Debemos intentar ser más abiertos y aprender a entregarnos poco a poco.

Las diferentes actividades que realizamos nos dan la oportunidad de formar lazos con gente con la que compartimos ciertos intereses. Los alumnos que asisten a las clases de yoga se encuentran con un clima de armonía tan especial que se animan a hablar de temas personales que acaso no se atreverían a tratar en otro sitio. Tal vez estas personas no se encuentren los fines de semana, pero muchas veces se ayudan para salir adelante de una situación difícil.

Hace poco tuve una experiencia aleccionadora. Un amigo atravesaba dificultades económicas y me pedía dinero constantemente. Cuando vino la primera vez, le presté el dinero. La segunda vez, decidí darle el dinero nuevamente. Pero cuando se acercó la tercera vez, le dije que no. También vino una cuarta vez, y le volví a negar el dinero.

Mi amigo se enojó mucho y yo me sentí muy triste. Me sentía culpable ya que era un amigo de la infancia, sus padres eran amigos de los míos y nos habíamos acompañado durante toda la vida. Pero, ¿cuál era la actitud correcta que debía tomar? Si seguía prestándole dinero, entraría en un círculo vicioso.

Comenté este problema con mi familia, que me apoyó y me dio la razón; después de todo, le había prestado dinero dos veces y no me lo había devuelto. Pero no podía dejar de pensar en todo lo que había recibido de él y en nuestra relación de tantos años. No podía sentir rencor ni olvidarme de él, aunque esto hubiera sido el camino más fácil.

Dos meses después, un 31 de diciembre, y mientras estaba de vacaciones y volvía a casa luego de un día de playa, me crucé con su esposa por la calle. En ese momento, sin pensarlo, le dije:

—¿Por qué no vienen a casa esta noche y festejamos juntos?

Ella me miró y me preguntó:

—¿David, estás seguro de lo que dices?

—Sí —le respondí, sin dudar un instante. Ella creía que yo había quedado resentido por la situación que había vivido con su marido.

Esa noche vinieron a casa y pasamos un hermoso Año Nuevo. A partir de ese momento, nuestra relación se empezó a recuperar. Cuando mi hija se casó, ellos hicieron un esfuerzo muy grande para asistir a la ceremonia y yo mi sentí profundamente agradecido. Había recuperado a mi amigo del alma.

63

IMPRIME SOLAMENTE LO VALIOSO EN TU CORAZÓN

Dice una leyenda árabe que dos amigos viajaban por el desierto y en un determinado punto del viaje discutieron. Uno de ellos, ofendido, escribió en la arena: "Hoy mi mejor amigo me pegó una bofetada en el rostro".

Siguieron adelante y llegaron a un oasis donde resolvieron bañarse. El que había sido abofeteado comenzó a ahogarse, y su amigo lo salvó. Al recuperarse, el que estuvo a punto de morir tomó un estilete y escribió en una piedra: "Hoy mi mejor amigo me salvó la vida".

Intrigado, el amigo preguntó: "¿Por qué después de que te golpeé escribiste en la arena y ahora escribes en una piedra?". Sonriendo, el otro respondió: "Cuando un gran amigo nos ofende, deberemos escribir en la arena donde el viento del olvido y el perdón se encargarán de borrarlo; por otro lado, cuando nos pase algo grandioso, deberemos grabarlo en la piedra de la memoria del corazón, donde ningún viento del mundo podrá borrarlo",

64

CÉNTRATE EN LA SITUACIÓN PRESENTE

Haber sufrido una afrenta no es importante,
a menos que te empeñes en recordarla.

CONFUCIO

Las peleas tienen la rara característica de despertar el recuerdo de cosas que estaban aparentemente bien guardadas en el pasado. En especial, las peleas entre familiares y amigos. Cuando uno discute por un problema, debe permanecer enfocado en ese conflicto y no mostrar todas las "facturas" que han quedado pendientes de cobro. Algunas de ellas podremos cobrarlas más adelante; otras, tal vez nunca. Si tenemos un billete de lotería y ganamos, pero no nos presentamos a cobrar, lo perdemos; lo mismo ocurre con los conflictos: si no se resuelven en el momento en que se producen ya no vale la pena hacerlo. ¿Por qué comenzar a hablar de un episodio que ocurrió hace diez años? Hoy el problema es otro, y si queremos solucionarlo, tenemos que centrarnos en la situación presente y tratar de salir adelante de la mejor manera posible. Si además queremos resolver las otras disputas que no quedaron resueltas en su momento, no lograremos remediar ni unas ni otras.

65

APRENDE A COMPARTIR

En un pequeño pueblo una mujer se llevó una gran sorpresa al ver que llamaba a su puerta un extraño correctamente vestido que le pedía algo de comer.

—Lo siento —dijo ella—, pero ahora mismo no tengo nada en casa.

—No se preocupe —dijo amablemente el extraño—, tengo una piedra de sopa en mi cartera. Si usted me permitiera echarla en una olla de agua hirviendo, yo haría la sopa más exquisita del mundo.

Presa de la curiosidad, la mujer consiguió una olla y la puso al fuego. Luego les fue a contar el secreto a sus vecinas, que acudieron enseguida para ver a aquel extraño y su sopa de piedra.

El extraño dejó caer la piedra en el agua, luego probó una cucharada con verdadera delectación y exclamó:

—¡Deliciosa! Lo único que necesita es unas cuantas patatas…

—Yo tengo unas patatas en mi cocina —gritó una mujer.

Y en pocos minutos estaba de regreso con una gran fuente de patatas peladas que fueron derecho a la sopa.

El extraño volvió a probar el brebaje.

—Excelente —dijo, y añadió pensativamente—: si tuviéramos un poco de carne, haríamos un cocido más apetitoso.

Otra ama de casa salió a la disparada y regresó con un pedazo de carne que el extraño, tras aceptarlo, cortésmente introdujo en el puchero. Cuando volvió a probar el caldo, puso los ojos en blanco y dijo:

—¡Ah, qué sabroso! Si tuviéramos unas cuantas verduras, sería perfecto, absolutamente perfecto…

Una de las vecinas fue corriendo hasta su casa y volvió con una cesta llena de cebollas y zanahorias. Después de introducir las verduras en el puchero, el extraño probó nuevamente la sopa y con tono autoritario, dijo:

—La sal.

—Aquí la tiene —le dijo la dueña de casa.

A continuación dio la orden:

—Platos para todo el mundo.

La gente se apresuró a ir a sus casas en busca de platos. Algunos regresaron trayendo incluso pan y frutas.

Luego, se sentaron a disfrutar de la espléndida comida, mientras el extraño repartía abundantes raciones de su increíble sopa.

Todos se sentían extrañamente felices mientras reían, charlaban y compartían por primera vez su comida. En medio del alborozo, el extraño se escabulló silenciosamente, dejando tras de sí la milagrosa piedra que ellos podrían usar siempre que quisieran hacer la más deliciosa sopa del mundo…

El solo hecho de generar el contexto adecuado fue capaz de movilizar a un vecindario que era reticente a realizar actos solidarios, y que en otras circunstancias se habría negado a colaborar con el extraño. Aun con una piedra se puede leer una sopa magnífica, si existe un poco de ingenio, buena voluntad y esfuerzo bien organizado.

66

¿TIENES UN E-MAIL?

El chat electrónico es una forma distinta de conocer gente; es una manera más de establecer un vínculo con alguien y como tal debe ser admitida. La comunicación personal sigue siendo la manera más humana y más plena de relacionarse con los demás, pero las nuevas formas de relación sirven para complementarla cuando falta tiempo o las distancias son demasiado grandes.

Hace poco, tuve oportunidad de "chatear" con gente de todas partes del país y de países vecinos. Querían saber cuáles eran los beneficios del yoga y aprender sobre esta práctica milenaria. Fue un encuentro hermosísimo, que jamás hubiera ocurrido si no fuera por la ayuda de este medio electrónico.

En ocasiones, la gente me envía e-mails contándome sus problemas y pidiendo consejos para solucionarlos. Si bien me dan algunos indicios de las características del problema, no todo se puede resolver a través del correo electrónico. En muchas oportunidades, necesitamos del contacto personal o telefónico para poder indagar más acerca de las causas reales de un padecimiento. Sólo entonces es posible prescribir una práctica adecuada.

Es importante recordar que la tecnología debe estar al servicio de los seres humanos para hacerlos más humanos y no para deshumanizarlos.

67

SOLUCIONA TUS ASUNTOS DE MANERA AMISTOSA

Hace un tiempo, mi esposa y yo habíamos comprado un departamento para regalarle a mi hija. Como no estaba aún terminado, entregamos una seña como parte de pago. Pero llegó la fecha de entrega, y el constructor nos avisó que no estaba listo. Cuando fuimos a reclamar por el incumplimiento, la persona a cargo de la operación nos pidió una prórroga, que decidimos concederle. Al cabo de unos meses, volvió a pedir una segunda prórroga y nuevamente, decidimos dársela, aunque sabíamos entonces que la construcción se había detenido y que el negocio había quedado trunco. Entonces fui nuevamente a ver al constructor y le pedí que me devolviera el dinero. Me dijo que no lo tenía, y que lo único que podía ofrecer era una nueva promesa de que entregaría el inmueble en unos meses. Pero yo presentía que él no iba a poder cumplir, pues ya no contaba con los medios para terminarlo.

Tuvimos una reunión conciliatoria en la que volví a exigirle la suma que se le había dado. Se habían acumulado un año de intereses, recargos y moras que yo estaba dispuesto a olvidar si hacía entrega del anticipo que yo le había hecho. Pero el hombre se negó y se mantuvo firme en su postura. Fue recién entonces cuando consideré que no me dejaba otra opción más que iniciarle juicio. Nunca quise llegar a eso, pero tenía la conciencia tranquila, ya que le había dado muchas ocasiones para arreglar el asunto por una vía cordial, pero no me dejaba otro camino que poner el tema en manos de abogados y desentenderme del problema.

A pesar de todo, consideraba que el hombre estaba en problemas y que había cometido un error como lo podría haber cometido cualquier otro, y no me sentía resentido ni con rabia.

Poco tiempo después, recibí una llamada de mi abogado diciéndome que mi deudor había pedido una reunión para encontrar una solución. Cuando nos volvimos a ver, pudimos sentarnos a la misma mesa, frente a frente, y me agradeció que yo hubiera podido comprender la situación personal por la que estaba pasando. Y finalmente me expresó que sentía una profunda necesidad de terminar este conflicto, que él mismo había suscitado, de manera amistosa. Como finalmente ocurrió.

68

NO TE DESALIENTES: SIGUE ADELANTE, ¡VALE LA PENA!

En aquellas ocasiones en que necesité realizar un trámite —una habilitación municipal, por ejemplo—, me encontré con todo tipo de problemas para obtener esos documentos. Y frente a estas dificultades, más de una vez tuve ganas de claudicar y me pregunté una y otra vez: ¿vale la pena seguir adelante? Y me respondí sí, vale la pena. Es en esos momentos dificiles en los que se ponen en práctica la paciencia y la perseverancia que hacen falta para alcanzar las metas en la vida.

No nos desalentemos por pérdidas parciales, porque las cosas no salgan como queremos desde un principio. Creo que la mejor actitud es aceptar lo que va sucediendo. Eso no significa que nos quedemos sentados y esperemos a que aparezca la solución por arte de magia. Tenemos que seguir insistiendo, sin dejarnos afectar por los pequeños traspiés que hay en el camino y sin bajar los brazos ante los inconvenientes circunstanciales, a menudo fruto de una burocracia inoperante que nos resulta tan irritante. Poco a poco terminamos alcanzando aquello por lo cual luchábamos. Y todas las piedras que tuvimos que sortear en nuestro camino luego quedan como una anécdota nada más... ¡y pensar que, en su momento, nos afligimos tanto por ellas!

69

SÉ GENTIL

Alguien estornuda y otro le dice "salud". En ese momento aparentemente tan trivial, se produce un vínculo. ¡Y qué agradable! ¡Alguien se dio cuenta de que existimos! ¿Pero cuántas veces estamos en un lugar donde nadie parece reparar en nosotros? "Buen día", "Buenas tardes", "Buen provecho" son normas de convivencia, pero además maneras de establecer una conexión, por más tenue que sea, con el otro. Una conexión que ayuda a descorrer la cortina. Esa cortina de la que Mataji nos habla, que nos separa del mundo y nos condena a vivir en soledad, aislados de los demás. Nos parece normal ignorar al señor con el que compartimos el ascensor o a aquella mujer que acaba de entrar en la oficina en la que trabajamos. Ese retraimiento se extiende después a los seres más próximos y poco a poco dejamos de reconocer al otro, de comunicar nuestros sentimientos y necesidades. Este proceso es muy frecuente y lo veo a diario.

Mataji nos enseñó que cuando finaliza la clase, los alumnos deben saludarse afectuosamente. Y a quienes no se conocen, preguntarles el nombre, el teléfono y, además, ¡qué día están libres! Parece una tontería, pero el objetivo es que comiencen a abrirse y a relacionarse con otros. Si lo logran en ese ámbito, puede ser que se animen a hacerlo en otros y cambien una actitud de encierro por otra de sana apertura.

70

REGALA TU ALEGRÍA

Dos hombres, ambos enfermos de gravedad, compartían el mismo cuarto semiprivado del hospital. A uno de ellos se le había indicado que se sentara durante una hora por la tarde, para drenar el líquido de sus pulmones. Su cama estaba al lado de la única ventana de la habitación. El otro tenía que permanecer acostado de espaldas todo el tiempo.

Conversaban incesantemente, y todos los días hablaban de sus esposas y familias, sus hogares, empleos, experiencias durante el servicio militar y sitios visitados durante las vacaciones. Todas las tardes, cuando el compañero ubicado al lado de la ventana se sentaba, pasaba el tiempo relatándole a su compañero de cuarto lo que veía a través de ella. Con el tiempo, el compañero acostado de espaldas, que no podía asomarse, se desvivía por esos períodos de una hora durante los que se deleitaba con los relatos de las actividades y colores del mundo exterior.

La ventana, según el compañero ubicado del lado de la ventana, daba a un parque con un bello lago. Los patos y cisnes se deslizaban por el agua, mientras los niños jugaban con sus barquitos a la orilla del lago. Los enamorados se paseaban de la mano entre las flores multicolores, por senderos bordeados de árboles majestuosos y, en la distancia, se divisaba una bella vista de la ciudad.

A medida que el hombre cerca de la ventana describía todo esto con detalles exquisitos, su compañero, con los ojos cerrados, imaginaba un cuadro pintoresco. Una tarde le describió un desfile que pasaba por el hospital y, aunque él no pudo escuchar a la banda, la pudo ver a través del ojo de su mente.

Pasaron los días y las semanas, y una mañana la enfermera, al entrar para realizar el aseo matutino, se encontró con el cuerpo sin vida del hombre que estaba cerca de la ventana, que había expirado tranquilamente durante el sueño. Avisó, entonces, para que retiraran el cuerpo de la habitación. Al día siguiente, el otro hombre, con mucha tristeza, pidió que lo colocaran cerca de la ventana. A la enfermera le agradó hacer el cambio y, luego de asegurarse de que estaba cómodo, lo dejó solo.

El hombre, con mucho esfuerzo y dolor, se apoyó en un codo para poder mirar el mundo exterior por primera vez. Finalmente tendría la alegría de verlo por sí mismo. Se asomó por la ventana y cuando pudo finalmente observar, lo único que vio fue la pared triste y sucia del edificio contiguo. Confundido y entristecido, le preguntó a la enfermera qué sería lo que animó a su difunto compañero a describir tantas cosas maravillosas que no existían. La enfermera le respondió que el hombre era ciego y que no podía ver ni la pared de enfrente.

Ser capaces de alegrar a otros a pesar de nuestra propia situación nos produce, a su vez, una inmensa alegría. La aflicción compartida disminuye la tristeza, y la alegría compartida se duplica.

Quinta Parte

ALIMENTA TU VIDA ESPIRITUAL

71

CUANDO HAY DECISIÓN, NINGÚN OBSTÁCULO ES DEMASIADO GRANDE

Después de que un fuerte temporal azotó a Buenos Aires, en el que cayeron cientos de árboles por toda la ciudad y el agua caída causó múltiples trastornos, muchos alumnos me llamaron para averiguar si había clases.

—¿Y por qué no va a haber clases? —preguntaba yo.

—N os parecía que por el temporal y la lluvia se iba a suspender todo. . .

—Si el profesor viene, hay clases. Si no viene, no habrá clases.

Cuando sabemos lo que buscamos, ningún obstáculo es demasiado grande. La seguridad de una persona en lo que hace le permite sobrellevar las dificultades. Pero si hay duda, si hay temor, si hay excusas es porque no hay un convencimiento absoluto de lo que se está haciendo. Cuando visitamos a algún maestro con Iana porque estamos convencidos de que nos va a ayudar a crecer, no nos importa si el tiempo es malo, si hay que viajar mucho, si hay que dormir en el piso... Nada nos detiene, si estamos seguros de que el encuentro con el maestro nos hará bien.

Con Mataji hemos ido a los lugares más insólitos en las épocas menos convenientes.

—¿Y la época del año? —le preguntamos, cuando

le ocurría ir en pleno invierno o en el pico de la estación calurosa.

—¡Qué importa el tiempo! —decía ella—. ¿O acaso mi desarrollo espiritual depende del clima?

72

DESARROLLA EL PODER DE LA FE

Había un maestro en la antigua India que recibía discípulos de todos lados. Un día, fue a su *ashram* a recibir sus bendiciones y conocimiento una joven que vendía leche. Tras escuchar las palabras del maestro, quedó tan impactado por su mensaje que como agradecimiento le prometió que todas las mañanas le iba a llevar una jarra de leche.

La lechera tenía un largo viaje por delante hasta llegar al *ashram*: debía meterse en una canoa para atravesar un río y luego caminar unos cuantos kilómetros. Y sin embargo, todas las mañanas, cuando el maestro se despertaba, tenía su jarra de leche fresca al lado de la cama, esperándolo.

Comenzó la época de las lluvias y del monzón. Las aguas crecieron y los caminos se hicieron intransitables. Pero la lechera no dejó de llevar la jarra de leche fresca para su maestro todas las mañanas. Entonces, sus discípulos más cercanos le comentaron:

—Maestro, no podemos explicarnos cómo hace la joven lechera para cruzar el río y llegar hasta aquí con la leche fresca, ya que hasta los boteros han desistido de viajar por el río a causa de las inundaciones estacionales.

El día siguiente, cuando apareció la lechera con la jarra, el maestro notó que la joven estaba completamente seca. Pasaron varios días más y sucedía lo mismo: la lechera aparecía con la leche, con sus prendas completamente secas. No resistiendo ya la curiosidad, el maestro le preguntó:

—Dime, niña, ¿cómo cruzas el río si ni los boteros lo están haciendo en esta época del año?

—Swami —le respondió la lechera—, como debo traerle la leche todos los días y no hay bote, yo repito su nombre sin cesar como un mantra, y atravieso el río caminando, sin siquiera mojarme.

—¡Pero esto es imposible! —replicó el maestro, con sorpresa.

Pero la lechera insistió en que la fe que tenía en su maestro y la repetición de su nombre era lo que le permitía cruzar el río.

—Entonces, quiero verlo —dijo el Swami, y partió hacia el río junto con su séquito de discípulos.

Cuando ya estaban parados en la orilla, el maestro instó a la joven a mostrarle lo que había venido a ver y ésta comenzó a repetir el nombre del Swami con devoción. Luego avanzó hacia el agua y sus pies se mantuvieron firmes sobre su superficie, por lo que pudo pasar al otro lado sin siquiera mojar el ruedo de sus vestidos.

El maestro quedó tan impresionado, que quiso saber si él también podía cruzar el río. La lechera le respondió:

—¡Ciertamente! Si yo puedo hacerlo invocando su nombre, usted, que es el propio maestro, lo podrá hacer con toda seguridad.

Entonces, el Swami repitiendo su nombre, se internó en el río. Pero a los primeros pasos, se hundió rápidamente.

SWAMI SATCHIDANANDA

Puedes ser un maestro espiritual o un simple campesino; si realmente tienes fe, moverás montañas.

73

SI PIERDES TU FE, LO HAS PERDIDO TODO

Había un rey en la China que quería ser famoso y poderoso. Entonces llamó a un maestro Tao y le preguntó:

—Maestro, ¿qué tengo que hacer para tener poder y ser amado por todos mis súbditos?

El maestro pensó y le respondió:

—Debes tener tres cosas.

—¿Qué cosas? —le preguntó el rey, ansioso por poseerlas.

—En primer lugar —le dijo el maestro— debes tener armas.

—Pero, ¿por qué armas? —quiso saber el rey.

—Porque las armas manifestarán tu poder —explicó el maestro.

El rey quedó pensativo y volvió a inquirir:

—¿Y las otras dos cosas?

—También debes tener alimentos, porque si tienes con qué alimentar a tu pueblo, tu fama se verá acrecentada.

—¿Y lo último? —preguntó el rey.

—Debes tener fe —le replicó el maestro—. Con armas, alimento y fe serás un gran rey, poderoso y venerado por todos.

El rey volvió a su palacio a meditar. Al día siguiente, mandó llamar al maestro nuevamente y le preguntó:

—Maestro, si tuviera que prescindir de algo, ¿de qué sería?

—Deberías prescindir de las armas —respondió el maestro.

—Pero, ¿cómo manifestaré entonces mi poder? —preguntó el rey.

—Tendrás el alimento y la fe —le replicó el maestro.

Nuevamente, el rey volvió a pedir una reunión con el maestro y le preguntó:

—Maestro, si tuviera que desechar otra cosa más, ¿de qué me aconsejas que prescinda?

—Tienes que prescindir de los alimentos —le volvió a responder el maestro.

—¿Y cómo le daré de comer a mi pueblo? —preguntó alarmado el rey.

—Lo peor es que tengas un pueblo sin fe —fue la respuesta del maestro.

¿Qué sería del hombre sin fe? La fe es la columna que lo sostiene; cuando a uno le falta ese pilar descree de todo y se termina derrumbando sobre sí mismo.

74

NO REDUZCAS A DIOS A UNA SIMPLE CATEGORÍA

Cuatro ciegos estaban palpando el cuerpo de un elefante. Uno le tocó la pierna y exclamó:

—El elefante es como un pilar.

El segundo tocó su trompa y dijo:

—El elefante es como una serpiente.

El tercero palpó la barriga del paquidermo:

—El elefante es un tonel.

Y el cuarto le tocó la oreja y aseguró:

—El elefante es como un abanico.

Comenzaron a disputar los cuatro sobre la figura del animal y se disponían a golpearse, cuando pasó un transeúnte, que, viéndolos reñir, les preguntó qué ocurría y ellos le refirieron lo que defendían y le pidieron que fallara en su disputa. El hombre lo pensó un instante y dijo:

—Ninguno de vosotros ha visto jamás el elefante. El elefante no es como un pilar: sus piernas son como pilares. Ni es como un tonel: su barriga es como un tonel. No es tampoco como un abanico: son sus orejas las que parecen abanicos. Y tampoco es como una serpiente, porque únicamente su trompa tiene semejanza con una serpiente. El elefante es como una combinación de todo eso, pero también es mucho más que lo que imaginan.

Cuando era chico, imaginaba que Dios era un señor con barba blanca que estaba sentado sobre un trono dorado posado sobre una nube. Ya adulto, me di cuenta, avergonzado, de que mi imagen de Dios era más o menos la misma. Cuando se lo dije a Mataji, me preguntó, divertida:

—¿Cómo es posible que una simple nube etérea resista el peso de un trono tan pesado como el de Dios?

Evidentemente, mi noción del Creador seguía siendo pueril e inexacta. Mataji me enseñó que Él es Luz y Amor. ¡Y pensar que yo había querido reducirlo a una simple caricatura!

Recuerdo una oportunidad en que asistimos con Indra Devi a un encuentro interreligioso; allí los representantes de distintas religiones discutían la manera de definir a Dios. Ella se puso de pie y dijo: "¿Cómo pueden ustedes, con sus mentes limitadas, tratar de comprender aquello que es ilimitado? Lo único que es seguro es que Dios es Luz y Amor".

Y con estas palabras, terminó la discusión.

75

BUSCA LA DIVINIDAD EN TU INTERIOR

Cuenta la leyenda que había una vez, en el siglo XIX en Francia, un monasterio que atravesaba graves dificultades. La orden había sido poderosa, pero debido a las persecuciones antimonásticas de los siglos XVII y XVIII y al auge de la cultura secular en el siglo XIX había perdido sus abadías y sus miembros, hasta quedar reducida a una casa matriz con cuatro monjes: el abad y tres hermanos. Estaba al borde de la extinción.

En los bosques que rodeaban al monasterio, había una choza que el rabino de una ciudad vecina solía usar como ermita. Mientras meditaban angustiados sobre la desaparición inminente de su orden, el abad tuvo la idea de visitar la ermita y pedirle al rabino algún consejo, con la remota esperanza de poder salvar el monasterio.

El rabino recibió al abad con una gran sonrisa y evidente alegría. Pero cuando el abad le explicó el motivo de su visita lo miró con tristeza y le dijo:

—Sólo puedo ofrecerle mi comprensión. Conozco el problema. La gente está aturdida trabajando para conseguir cosas. Muy pocos vienen a la sinagoga.

El anciano abad y el anciano rabino lloraron juntos. Luego el rabino leyó pasajes de la Tora con voz profunda y sabia, mientras el abad lloraba de emoción. Finalmente, después de conversar sobre temas trascendentes, el abad tuvo que partir.

—Es maravilloso que nos hayamos conocido después de tantos años —dijo el abad—, pero me voy sin conseguir lo que necesito. ¿Hay algún consejo que usted pueda darme para salvar mi orden moribunda?

—Lamentablemente no —respondió el rabino—, no tengo consejos para darle. Sólo puedo decirle que el Mesías es uno de ustedes.

Cuando el abad llegó al monasterio, los hermanos, con signos de inquietud en el rostro y en el cuerpo, lo rodearon mirándolo ansiosamente, esperando sus palabras.

—El rabino no pudo ayudarme —dijo el abad—, lloramos juntos y leímos la Tara. Lo único que dijo al despedirme fue algo extraño: dijo que el Mesías es uno de nosotros. No comprendí qué quiso decir.

Durante los días, semanas y meses siguientes los viejos monjes meditaron sobre las palabras del rabino y su posible significado. ¿El Mesías es uno de nosotros?, se preguntaba el hermano Felipe. Si es así, ¿quién? ¿Tal vez se refiere al abad? Sí, si es uno de nosotros, sólo puede ser el padre abad que nos ha dirigido durante muchísimos años. Claro que tal vez se trate del hermano Tomás. Todos sabemos que el hermano Tomás es un verdadero hombre de Dios y una luz en nuestra orden.

¡Desde luego que no se refería al hermano Pascual! El pobrecito está un poco senil. Pero pensándolo bien, aunque fastidia a todos con su chochez, el hermano Pascual casi siempre tiene razón y a veces expresa verdades profundas. Tal vez el rabino se refería al hermano Pascual.

Pero no al hermano Francisco, de ninguna manera. Francisco es tan pasivo, tan insignificante. Sin embargo, tiene el don misterioso de aparecer cuando uno lo necesita, como por arte de magia. Tal vez Francisco sea el Mesías.

Evidentemente el rabino no se refería a mí, que soy una persona común y corriente. Pero, ¿y si hablaba de mí?, ¿si acaso soy el Mesías? Dios mío, que no sea yo. No puedo ser yo Tu enviado, ¿o sí?

En el curso de estas meditaciones cada monje empezó a tratar a sus hermanos con extraordinario respeto, ante la remota posibilidad de que fuese el Mesías.Y empezó a tratarse a sí mismo con el mismo respeto, ante la remotísima posibilidad de que fuese el Mesías.

El monasterio estaba situado en medio de un bello bosque que la gente de la vecindad solía visitar. Hacían meriendas bajo los árboles, paseaban por los senderos y algunos incluso se sentaban a meditar en la vieja capilla. Sin ser conscientes de ello, empezaron a percibir el aire de gran respeto que parecía rodear a los viejos monjes y emanar de ellos hasta impregnar la atmósfera del lugar. Era algo extraño y atractivo, poderosamente atractivo. Sin saber por qué, empezaron a visitar el monasterio con más frecuencia y a traer consigo a sus amigos para que conocieran ese lugar especial, y esos amigos trajeron a otros.

Un día, varios hombres jóvenes de los que solían visitar el monasterio se pusieron a conversar con los ancianos monjes. Pasado un tiempo, uno de ellos quiso ingresar a la orden. Luego otro y otro más. Así, en pocos años, la orden volvió a florecer y el monasterio, gracias al don del rabino, se convirtió en el vigoroso centro de luz y espiritualidad que alguna vez había sido. Y el milagro sucedió por un cambio de mirada. Un cambio en la forma de ver al otro y a sí mismo basado en el amor y el respeto.

Cómo cambiaría la percepción que tenemos de nosotros mismos y de otros, si consideráramos la posibilidad de que Dios nos hubiese elegido como el Mesías... "Hemos sido creados a imagen y semejanza del Creador", dice la Biblia.

Ello significa que abrigamos la chispa divina en nuestro interior. Pero como vivimos mirando hacia afuera, somos ajenos a lo que sucede en nuestro interior. Es cierto, algunos tenemos la divinidad más tapada que otros. Pero si nos liberamos de nuestros miedos y angustias, aceptando nuestros errores y mostrándonos tal como somos, la Luz se hará visible.

76

DESCUBRE TU PROPIO CAMINO

Así como los ríos corren hacia el mar, también las corrientes espirituales fluyen hacia Dios. Hay maestros espirituales que transmiten en su mensaje la idea de que sin ellos el discípulo no encontrará el camino; esto no es siempre así. El maestro puede echar luz sobre el camino y animarnos a caminar, pero somos nosotros quienes tenemos que recorrer la senda y encontrar a Dios.

El alma busca a Dios
como el aire caliente busca las alturas
o los ríos corren hacia el mar.
Y tiene dos poderes: el deseo de buscar
y la capacidad de luchar por lograrlo.
El alma nunca pierde su camino,
del mismo modo que el agua
no corre montaña arriba.
Por eso todas las almas alcanzarán a Dios
no importa cuánto se demoren.
La sal no pierde sus propiedades
cuando se mezcla con el agua del océano.
El alma no pierde la sed de Dios.
Es eterna, y algún día será saciada.
Cuando encuentre a Dios
descubrirá que también Él la estaba buscando.

KAHLIL GIBRAN

77

APRENDE A REZAR

¿Qué significa rezar? Mataji afirma que no tenemos que andar como pordioseros, pidiendo y pidiendo. Una cosa es rezar y otra muy distinta, dirigirse a Dios con el solo fin de pedirle cosas. Podemos pedirle al Señor —Él mismo ha dicho: "Pedid y se os dará"—, pero el acento de la oración no debe ponerse en la súplica sino en el agradecimiento y en la alabanza. Hay quienes pasan su vida haciendo demandas y su oración se vuelve un intento de transacción comercial con el Creador: "Si Tú me das esto, yo prenderé diez velas...", "Si me libras de este mal, iré de rodillas a tu santuario...".

¿A quién le gusta que le pongan condiciones para hacer las cosas?

No degrademos nuestra oración, convirtiéndola en un intercambio de favores.

Cuando recemos, que nuestra plegaria sea ante todo un acto de gratitud hacia el Creador. Reflexionemos sobre lo que hemos recibido, y agradezcámosle lo que poseemos: salud, inteligencia, afectos, e incluso los bienes materiales con los que contamos. Agradezcámosle lo que hemos tenido y que ya no tenemos, porque en algún momento pudimos disfrutarlo. Si algo nos falta, pidámoslo, y dejemos que Dios disponga.

A rezar también se aprende. El poder de la oración es maravilloso, ya que además de conectarnos con el Ser

Supremo, cualquiera sea la idea que tengamos de él, nos permite conectarnos con nuestro verdadero ser.

Dijo el doctor Alexis Carrel:

> La influencia de la plegaria en la mente y el cuerpo puede ser medida en términos de un mayor vigor físico e intelectual, una elevación espiritual y un conocimiento más profundo de las relaciones humanas. La plegaria es una fuerza tan real como la fuerza de gravedad. Como médico, he visto a hombres que, habiendo fallado todas las terapias a las que se vieron sometidos, se libraron de la enfermedad y la melancolía a través del sereno esfuerzo de la plegaria.

Quizás alguna vez hayamos leído la plegaria de san Francisco de Asís. No importa cuál sea nuestra religión, creo que a todos nos llegaron al corazón sus humildes y sabias palabras. Les propongo que la recordemos.

Señor, hazme un instrumento de Tu paz.
Donde haya odio, que yo lleve amor.
Donde haya daño, que yo lleve perdón.
Donde haya duda, que yo lleve fe.
Donde haya desesperación, que yo lleve esperanza.
Donde haya oscuridad, que yo lleve luz.
Y donde haya pena, yo lleve alegría.
Oh, divino Maestro, concédeme que no procure
Ser consolado, sino consolar
Ser comprendido, sino comprender
Ser amado, sino amar.
Porque es dando, como recibimos
y es perdonando, como somos perdonados.
Y es muriendo como nacemos para la vida eterna.

78

ALBERGA UN CORAZÓN PURO

Hace muchos años, en el sur de la India, vivía un brahmín muy ortodoxo. Todos los días, el sacerdote dedicaba varias horas a la meditación. Tenía un hermoso altar en donde celebraba el puja, un acto de adoración a Dios.

Al mismo tiempo, este gran devoto tenía una pequeña debilidad: era amante de un cierto tipo de postre. Pero como su situación económica no le permitía comprarlo, ideó un truco para disfrutarlo todos los días.

Durante el puja, cuando se ofrece comida a Dios, se cierra una cortina frente al altar para permitir que Dios disfrute de la comida solo. Después de un rato, el pujari, o sea el celebrante, entra a buscar la comida bendecida para compartirla con todos.

El hombre solía pedirle a su esposa que preparara un poco de este postre para ofrecerle a Dios durante el puja de la mañana. Pero cuando iba detrás de la cortina, se comía él mismo el manjar, y luego salía y decía a la familia que Dios había aceptado su adoración y se había terminado el postre. Todos estaban muy contentos porque creían que el Creador venía todos los días para consumir su ofrenda.

Esto continuó durante varios meses. Un día, sucedió que el hombre tuvo que ir a un pueblo lejano por un acontecimiento especial. Como era un brahmín ortodoxo, quería que se respetara la veneración diaria en su hogar. Llamó entonces a su hijo pequeño, que solía ayudarlo en la ceremonia, y le dijo:

—Hijo, has visto ya cómo celebro el puja. No podré realizarlo hoy, por lo que te pido que lo hagas tú.

El hijo respondió:

—Padre, estaré honrado de hacerlo.

Así pues, el hombre partió y el hijo comenzó a preparar la celebración. Como era habitual, la madre trajo un poco del postre para que el hijo lo ofreciera a Dios. El niño lo colocó sobre el altar, cerró la cortina y salió a esperar mientras el Creador lo comía. Después de un rato, el niño volvió a entrar para retirar el plato y para su espanto, vio que el postre seguía allí. "Debo haber hecho algo muy mal", pensó. "Dios no está satisfecho con mi puja; por ello rechazó mi postre hoy. Pensé que estaba haciendo el puja exactamente como mi padre." Luego clamó a Dios:

—¡Oh, señor! Si mi padre se entera de que te hice pasar hambre, estará muy enojado conmigo. Por favor, ¡come el postre!

El niño colocó el plato nuevamente en su lugar, cerró la cortina y volvió a esperar. Cuando volvió, el plato seguía lleno. Cayó de rodillas frente al altar y llorando, dijo:

—Dios mío, si no comes el postre hoy, cuando mi padre vuelva y se entere, me matará. Por favor, ¡cómelo!

Nuevamente miró el plato, pero seguía lleno. Esta vez, lloró tan fuerte que se desmayó. Cuando volvió a despertar luego de media hora, vio que el postre ya no estaba en el plato. Comenzó a saltar de felicidad:

—¡Oh, Dios, estoy tan contento! Escuchaste mi oración. ¡Ahora puedo decirle a mi padre que también aceptaste mi ofrenda!

El hijo esperó ansiosamente el regreso de su padre, que llegó ya entrada la noche. Apenas lo vio, corrió a saludarlo:

—Padre, padre, Dios aceptó también mi ofrenda. Comió el postre tal como lo hace contigo todos los días. Al principio, rehusó hacerla. Pero luego lloré tanto, ¡que lo obligué a comerlo!

El padre pensó que el niño sabía lo que él había estado haciendo y que simplemente había esperado la oportunidad para hacer lo mismo. Entonces, le preguntó:

—¿Estás seguro de que Dios comió el postre?

—Sí, padre, no cabe duda de ello.

—Entonces —dijo el padre— puedes repetir el puja mañana. Quisiera verlo.

—Está bien, padre. Si Dios comió el postre hoy, ¿por qué no habría de hacerla mañana?

Al día siguiente, el niño realizó el acto de adoración, pero Dios no comió el postre. Entonces, el niño comenzó a llorar otra vez. Estaba ya listo para golpear su cabeza contra el suelo, cuando una voz dijo:

—No llores, hijo. Me gustaría aceptar tu ofrenda, pero no puedo hacerla frente a tu padre. No merece verme comerla.

El padre también escuchó la voz. Cayó entonces a los pies de su hijo y dijo:

—Eres mi maestro. Has abierto mis ojos. Ojalá también yo tuviera tu fe y tu devoción. Pero sólo soy un letrado; realicé el puja correctamente de acuerdo con las escrituras, pero no tuve la fe que tú has tenido. Por ello es que Dios no aceptó nunca el postre que yo le ofrecí, pero sí tomó el tuyo.

Dios escucha siempre la oración que proviene de un corazón sincero y puro.

79

TÚ TAMBIÉN PUEDES ALCANZAR LA ILUMINACIÓN

Tanto a Mataji, como a Iana y a mí nos han dicho algunos: "Ustedes están iluminados", como si ellos estuvieran muy lejos de alcanzar la plenitud. En realidad, todos estamos iluminados en la medida en que somos conscientes de que la chispa divina reside en nuestro interior. El iluminado es quien se da cuenta de que la energía del Creador circula a través de sí. Es quien da Luz y Amor y aprende a vivir el Presente Eterno.

El iluminado es quien no acumula la vida sino que la vive, sin postergar nada. Es el ser libre, que no está apegado a las cosas: si las tiene, las disfruta; si no las tiene, goza de lo que le queda. El iluminado es sencillo en su proceder y humilde en su actitud.

Aquel que se hace llamar "iluminado", muchas veces no lo es porque no es libre. Incluso suspirar por la libertad es una servidumbre, ya que sólo los satisfechos son libres. Mataji siempre rehuyó el título de "maestra" y simplemente se concentró en hacer a los demás lo que le hubiese gustado recibir a ella.

> Todos los meses, el discípulo refería fielmente por escrito a su maestro sus progresos espirituales. El primer mes escribió: "Siento una expansión de la conciencia y experimento mi unión con el universo". El maestro leyó la nota y la arrojó al cesto de los papeles.

Al mes siguiente, escribió: "Al fin he descubierto que la divinidad está presente en todas las cosas". El maestro parecía estar tremendamente decepcionado.

En su tercera carta, el discípulo explicaba entusiasmado: "El misterio del uno y lo múltiple le ha sido revelado a mi asombrada mirada". El maestro bostezó.

La siguiente carta decía: "Nadie nace, nadie vive y nadie muere, porque el yo no existe". El maestro, desesperado, alzó sus manos al cielo.

Pasó un mes, pasaron dos meses, cinco meses, un año... El maestro pensó que había llegado el momento de recordar al discípulo su obligación de mantenerlo informado acerca de sus progresos espirituales. El discípulo contestó a vuelta de correo: "¿Y a quién le importa?"

Cuando el maestro leyó estas palabras, se iluminó su rostro de satisfacción y dijo: "¡Gracias a Dios, al fin lo ha logrado!".

80

ACOMPAÑA TU ORACIÓN CON BUENAS ACCIONES

Toda oración en la que se pide algo tiene que estar unida a un pensamiento y una conducta que se corresponden al pedido. Así como las leyes espirituales se rigen por los mismos principios que las leyes materiales, si queremos el Bien, tenemos que proceder de acuerdo con las normas de la Bondad para alcanzarlo. De esta manera, todo aquello que queremos, todo aquello que más anhelamos se va cumpliendo en nuestras vidas.

La voluntad divina siempre es que nos vaya bien, porque Dios es puro Amor y pura Bondad; es nuestra voluntad la que muchas veces se aleja de ella y permite el mal. La miseria, el crimen, y muchas veces la enfermedad, son culpa de los seres humanos que no proceden bien. Si deseamos un beneficio, no es Dios quien debe realizar el esfuerzo, sino nosotros quienes debemos actuar para alcanzarlo. Si alguien dice: "Ah, no, a mí no me van a robar porque yo estoy protegido por Dios", quizá no le roben, pero también es posible que sí suceda.Y si así ocurre, ¿de quién será la culpa? ¿De Dios? ¿O de la manera en que procedemos? Ciertamente, de nuestra manera de actuar o de la de otra persona que elige hacer el mal. Sabemos, por ejemplo, que si cruzamos la calle en la esquina, donde está la señal que nos indica cuándo hacerlo, son menores las posibilidades de sufrir un accidente que si cruzamos en cualquier lugar de la calle.

Mucha gente dice: "Ah, ¡qué suerte tiene aquel hombre!" y no se da cuenta de que esa persona está poniendo toda su energía en alcanzar sus metas. Yo nunca voy a ganar la lotería, y ¿saben por qué? Porque no juego. Entonces, ¿cómo le voy a pedir a Dios que me conceda ganarla? La suerte es fruto en gran medida de nuestras buenas acciones y viene como consecuencia de nuestro esfuerzo. Si rezamos pero nos quedamos de brazos cruzados, no sucederá nada, y hasta puede ser que a veces nuestras acciones estén en directa contradicción con nuestro pedido. Como aquel que pide que desaparezca su enfermedad pero practica hábitos nocivos para la salud.

81

CONÉCTATE CON TU YO INTERIOR

Mataji sostiene que el yoga cambia la vida de las personas. Esto nos sucedió a Iana ya mí. La fuerza de ese mensaje movilizó lo más profundo de nuestro ser y salimos a compartir estas enseñanzas con los demás. Hoy; cuando recibo cartas como ésta que comparto con ustedes, mi corazón se llena de alegría al comprobar que estos conocimientos están dando frutos.

QUERIDO DAVID:

Soy contador y tal vez por mi formación profesional o por mis condiciones astrológicas (pertenezco al signo de Virgo), tengo una personalidad fría, calculadora, distante, poco comprometida con los sentimientos. Rehúyo las confesiones personales y los lazos afectivos. Sin embargo, cuando la coraza que nos suele envolver se transformó en un corsé que me oprimía, llegó a mis manos por casualidad el libro de lndra Devi, *Respirar bien para vivir mejor*. Esto sucedió hace cinco años, cuando curioseando en una venta de libros de Piriápolis, descubrí el libro y lo compré y leí con interés, dado que desde mi niñez padecía asma y sabía que no se curaba con medicina convencional. Tal vez este libro me daría alguna información valiosa sobre cómo sobrellevar mejor mi enfermedad. Pero cuando lo abrí, mi curiosidad se transformó rápidamente en avidez por aprender acerca de una disciplina que parecía tener muchos más beneficios de los que yo creía.

El retorno a las obligaciones me hizo olvidar durante un año todo lo que había leído ese verano. Pero cuando volvió la época de descanso, decidí comprobar cuáles eran los beneficios de esa práctica y anotarme en uno de los cursos de yoga de la Fundación Indra Devi. Han pasado cuatro años, y me he convertido en un asiduo practicante de esta disciplina; en la actualidad asisto a clase cuatro veces por semana.

Las ventajas de su práctica son infinitas, pero la más importante para mí es que gracias al yoga comencé a dominar la respiración abdominal y a respirar bien por primera vez en mi vida. Descubrí que con la buena respiración se calman los nervios, se aniquila el estrés y todo el organismo se ve favorecido. Por cada avance en las posturas, el espíritu se nutre de alegría pues se disipan las malas predisposiciones que se vienen alimentando desde hace años y se corrigen las malas posiciones y los dolores de espalda, entre otros beneficios. El yoga me guió gradualmente hacia la pureza interior con la que todos nacemos y que nuestras frustraciones y problemas van tapando como máscaras, que luego se cristalizan, nos quitan espontaneidad y nos hacen indiferentes a los problemas de los demás.

Hoy soy un hombre feliz, porque gracias al yoga me volví a conectar con mi yo interior y a sentirme parte del resto de la humanidad.

82

ALIMENTA TU VIDA ESPIRITUAL

Creo que si un hombre mejora espiritualmente,
todo el mundo mejora con él; y que si un hombre cae,
todo el mundo cae con él.

MOHANDAS KARAMCHAND GANDHI

El ser humano está integrado por cuerpo, mente y espíritu, y si desatiende uno en favor del otro, tarde o temprano la parte olvidada hará oír su reclamo. Cuando valoramos solamente los aspectos económicos de nuestras vidas, cuando nos preocupamos en exceso por lo material, el espíritu se empequeñece y le exige al cuerpo, de múltiples maneras, la atención debida. Este reclamo puede manifestarse como una enfermedad psíquica —una depresión, por ejemplo— o física: se dice que muchos tipos de cáncer tienen su origen en un gran dolor espiritual.

Todos los días la vida nos presenta oportunidades para desarrollarnos. No sólo debemos fijar la atención en nuestro físico o en nuestras habilidades externas, sino también en los aspectos más sutiles, que están esperando en estado latente su oportunidad para despertar y abrirse.

Observemos al árbol: germina a partir de una semilla muy pequeña y guarda dentro de sí una fuerza incontenible, la fuerza de la creación. Brota, echa sus primeras raíces y comienza a crecer hacia la luz. A medida que se desarrolla su parte externa, sus raíces también lo hacen. Éstas le sirven no sólo para absorber los nutrientes de la tierra, sino para afirmarse y equilibrarse.

Nosotros no somos ajenos a esa naturaleza: somos como el árbol que crece en ambos sentidos. Por un lado, nuestras ramas establecen vínculos con nuestra familia y comunidad, reflejando la cara externa de nuestra vida. Pero por el otro, tenemos raíces que nutren nuestra vida interior. Desde niños hemos dedicado mucho tiempo a desarrollarnos externamente y nos hemos olvidado de alimentar nuestro interior. Al igual que un árbol de mucha copa y pocas raíces, estamos expuestos a que cualquier temporal nos azote y nos doblegue, ya que nuestro sostén no es profundo. Si nuestro interior carece de vitalidad, tampoco poco o nada tendremos para darles a nuestros hijos.

Para alimentar nuestro espíritu es preciso bucear en las profundidades del ser que habita en cada uno de nosotros. Y así, lentamente, sumergiéndonos en él, vislumbraremos quiénes somos. ¿Es que acaso lo sabemos? ¿Realmente advertimos hacia dónde vamos con toda esta actividad frenética con la que llenamos nuestros días? Este viaje hacia el interior tiene por finalidad encontrarle un significado a nuestras vidas, un sentido único, propio y personal.

83

NO CONSEGUIR LO QUE QUIERES ES, A VECES, UN GOLPE DE SUERTE

Mataji siempre afirmaba: "Quiero esto si es bueno para mí; y si no, que no venga". Muchas veces queremos cosas que no son buenas para nosotros, y que tal vez sería mejor que no las obtuviéramos. Mi maestra contaba la historia de una pareja que necesitaba viajar a Nueva York desde Los Ángeles con urgencia. Cuando llamaron al aeropuerto, les dijeran que si se apuraban, podían conseguir lugar en el avión que salía esa mañana. Entonces, el hombre se preparó rápidamente, pero la mujer demoró un poco más, y cuando llegaron al aeropuerto, el avión se había ido. Enojado, el hombre recriminó duramente a su esposa por el inconveniente. Pocas horas después, la aeronave cayó.

A veces una contrariedad es el instrumento del que se vale el destino para apartarnos de un camino que no teníamos que seguir en ese momento.

Siempre aconsejo a los alumnos que esperen el mensaje del Creador para decidir si deben proceder a cumplir un proyecto o ponerlo de lado. Cada emprendimiento viene precedido por una señal, porque cada hecho se inserta dentro de un orden universal.

84

CONFÍA EN DIOS, PERO PERMANECE ATENTO

Llama a Dios, pero rema para alejarte de las rocas.

PROVERBIO INDIO

Un pueblo sufría un gran temporal. Día tras día, las aguas crecían y los pobladores debían dejar sus casas y sus pertenencias para salvarse de perecer ahogados. Pero el cura de la aldea había decidido que aún no había llegado la hora de irse y se mantenía firme en su capilla. Un día, llegó el comisario y le dijo:

—¡Padre, padre, debe desalojar la iglesia e irse, ya que las aguas siguen creciendo y pronto todo el pueblo estará bajo el agua!

Pero el cura le respondió:

—Hijo mío, estoy en las manos de Dios y cuando Él considere que me deba ir, recién entonces lo haré.

—Pero, padre —le insistió el comisario—, ¡vámonos, que no queda mucho tiempo!

—No insista —le dijo el padre—. Dios vendrá a salvarme.

El comisario se fue. Pasaron unas horas y el agua entró en la iglesia, cubrió los bancos y llegó hasta el púlpito. Al poco rato, llegaron los hombres de la defensa civil en una canoa y le gritaron al padre desde afuera:

—Padre, padre, las aguas siguen subiendo y vamos a entrar a buscarlo.

Pero el padre respondió:

—No se preocupen... Dios se hará cargo de mí.

—Pero, padre —insistieron los hombres—, esto está cada vez peor, el nivel de las aguas está cada vez más elevado y será muy difícil rescatarlo.

—Por favor, hijos, no se hagan problema; Dios me salvará —respondió el padre.

El agua siguió subiendo hasta tapar toda la iglesia. El cura había tenido que refugiarse en el campanario, pues era el único lugar expuesto del edificio. Entonces llegó un helicóptero que le tiró una soga, mientras los hombres de a bordo le gritaban:

—Padre, padre, ¡agárrese de la soga y suba!

—No, hijos, no se preocupen, que yo estoy en manos de Dios —replicó el padre.

Y con esto, el helicóptero se fue.

Las aguas terminaron de cubrir la iglesia, el campanario quedó sumergido y el padre murió. Cuando llegó al Cielo, el cura enfrentó a Dios y le dijo:

—Oh, Dios, ¿cómo puede ser que yo, que tanto hice por Ti, que congregué a tantos fieles e hice tu voluntad, haya sido olvidado por Ti en los momentos más difíciles de mi vida?

—Escúchame bien, hijo —le respondió Dios—. Yo te mandé tres formas de ayuda y a las tres te negaste. Primero te mandé al comisario, luego te mandé el bote y por último te mandé el helicóptero. A los tres dijiste que no. ¿Qué más querías tú que hiciese?

Sólo entonces, el padre se dio cuenta de su error.

85

CAMBIA TU ENOJO POR AMOR

El amor nunca reclama, siempre da. El que ama no teme sufrir, nunca es resentido, nunca es vengativo.
MOHANDAS KARAMCHAND GANDHI

En una familia, hay momentos en que la tensión acumulada por la convivencia amenaza con estallar furiosamente. Recuerdo un verano, hace muchos años, cuando mi hija Paula se me acercó y, sin un motivo aparente, descargó toda su artillería contra mí. Dejé que lo hiciera y no dije nada, aunque me sentía profundamente herido por lo que yo creía era una injusticia. Cuando terminó de desahogar su furia, se produjo un silencio profundo entre nosotros. Después de unos minutos que parecieron eternos, le dije:

—Paula, probablemente en algunos aspectos tengas razón y en otros, no. Pero no quiero hablar de eso ahora; cuando estés tranquila, si quieres, nos sentaremos a charlar. Pero mientras estés enojada, prefiero que tú estés en un lado y yo en otro.

Terminó la conversación, y al cabo de más de dos horas, Paula volvió a aparecer frente a mí.

—Papá —me dijo—, quiero hablar contigo. Pero antes que nada, te pido perdón por mi enojo.

—Paula, con certeza hay cosas en las que me equivoqué. Después de todo, no hay una escuela para padres y yo estoy aprendiendo a serlo contigo. Pero si a ti te disgusta una forma de proceder mía y me lo dices, trataré de cambiarla. Al mismo tiempo, si considero que tengo razón en otras cosas, me gustaría que me entendieras. Lo importante es que nos escuchemos y respetemos, y si alguien tiene que cambiar, que no deje que el ego se interponga.

Terminamos abrazándonos y dándonos un beso.

Sin importar cómo procedan los otros, los obstáculos que nos pongan en el camino, los insultos que profieren, tenemos que actuar con paciencia y optimismo, confiando en que la verdad y el amor harán lo suyo. Si damos el primer paso, la fuerza del cariño es tan poderosa que tarde o temprano arrastrará al otro a un cambio de actitud.

Sexta Parte

LA VIDA ES UNA OPORTUNIDAD, ¡APROVÉCHALA!

86

¿QUÉ ES LO MÁS IMPORTANTE PARA TI?

Observa cómo vivo, cómo me alimento, cómo me siento, cómo hablo. La suma de todas esas cosas es mi religión.

MOHANDAS KARAMCHAND GANDHI

Andamos por la vida como malabaristas que van tirando pelotas al aire. Cada pelota representa un área de nuestra vida: la familia, el trabajo, la salud, los amigos y el espíritu. Debemos tener cuidado de que ninguna de esas pelotas se nos caiga, de mantenerlas en equilibrio. Tarea más que dificil, porque no todas las pelotas están hechas del mismo material. Aquella que representa el trabajo es de goma: si se cae, rebota y se puede colocar nuevamente en su lugar. Las otras cuatro —la familia, la salud, los amigos y el espíritu— son de vidrio: si se caen, se rompen, y pasaremos el resto de la vida tratando de compensar la pérdida. Pero además, durante todo el tiempo en que las lanzamos al aire y mantenemos girando sobre nuestra cabeza, estamos jugando. En ocasiones, las que más cuidamos —como el trabajo— son las menos importantes, y nos olvidamos de las otras, más frágiles pero más valiosas para mantener el imprescindible equilibrio en nuestras vidas.

87

VIVE EL ETERNO PRESENTE

Un maestro zen le pregunta a sus discípulos: "No les pregunto nada sobre la quincena pasada. Pero ¿qué me podéis decir sobre la que viene?". Ante el silencio de los monjes, dice: "Cada día es un buen día."

SIDDARTHA GAUTAMA, EL BUDA

Mataji solía pedir a alguien del público una cadena de las que se suelen llevar al cuello. "Descuide, que no se la voy a robar; prometo devolvérsela", le decía con picardía. Entonces colgaba la cadena sobre el dedo índice de la mano izquierda, mientras explicaba:

"A mi izquierda está el futuro, a mi derecha, el pasado y aquí, en el medio, está el presente. Cada instante, el futuro pasa por el presente y se convierte en pasado —y mientras tanto tomaba con la mano derecha la cadena y la movía sobre su dedo índice de izquierda a derecha—. Este proceso nunca se detiene. Cuando queremos traer al presente algo del pasado, estamos haciendo una superposición, pues dos momentos no pueden coexistir. De este modo, mientras traemos el pasado, nos olvidamos de vivir el presente. Y si pensamos demasiado en el futuro, tampoco vemos lo que está sucediendo en este mismo instante. Por eso, desde el momento en que nos levantamos cada mañana, deberíamos vivir cada instante como lo que es: algo irrepetible".

88

ELIGE SENTIRTE AGRADECIDO

Hoy puedo quejarme porque el día está lluvioso,
Pero elijo dar gracias a Dios porque las plantas
están siendo regadas por la lluvia.
Hoy puedo lamentarme de todo lo que mis padres
no me dieron mientras estaba creciendo,
pero elijo sentirme agradecido de que me permitieran
haber nacido.
Hoy puedo llorar porque las rosas tengan espinas,
Pero elijo celebrar que las espinas tienen rosas.
Hoy puedo autocompadecerme por no tener
muchos amigos,
Pero elijo emocionarme y embarcarme
en la aventura de descubrir nuevas relaciones.
Hoy puedo quejarme porque tengo que ir a trabajar,
Pero elijo gritar de alegría porque tengo un trabajo.
Hoy puedo quejarme porque tengo que aprender,
Pero elijo abrir mi mente enérgicamente
y llenarla con nuevos y ricos conocimientos.
Hoy puedo murmurar amargamente
porque tengo que hacer las tareas de mi casa.
Pero elijo sentirme honrado porque tengo un techo
para mi mente, cuerpo y alma.
Hoy el día se presenta ante mí,
esperando que yo le dé forma.
Soy el escultor que puede crear la obra.

Lo que sucede hoy dependerá de mis elecciones.
Debo escoger qué tipo de día quiero.
¡HOY ELIJO SER EL ORIGEN
DE MIS RESULTADOS!

89

LA VIDA ES UN MILAGRO: ¡APROVÉCHALO!

Recientemente, una joven que quería comenzar a practicar yoga me contó en nuestra primera charla que para ella la vida no merecía ser vivida. Cada mañana, al despertar sentía que estaba paralizada, sin energías para emprender ninguna de sus tareas. Estaba saliendo con un muchacho que no le gustaba y hacía varios años que lo veía a pesar de que sabía que no le convenía. Sus amigas y sus padres tampoco estaban contentos con su novio. Pese a todo, ella no se animaba a cortar la relación. Creía que era normal tener vínculos mediocres, porque la vida era, al final de cuentas, una especie de broma macabra; tal vez hubiera sido mejor no haber nacido. Así que, dadas las circunstancias, no se podía aspirar a tener una relación feliz con nadie, y había que conformarse con vivir en la oscuridad.

La joven empezó clases de yoga y adoptó la práctica diaria de meditar. Sólo diez días después, me sorprendió cuando volvió para decirme que había cortado la relación con su novio, aunque se sentía muy sola y con mucho temor. Pero al mismo tiempo, cuando miraba hacia atrás, veía con espanto el rumbo que había tomado su vida y se alegraba de haber hecho algo para cambiarlo. Unas semanas después, noté otro cambio radical. La muchacha sonreía con frecuencia y disfrutaba de sus clases. Cuando le pregunté cómo estaba, me respondió que hacía mucho tiempo que no se sentía tan feliz.

90

VALORA LAS PEQUEÑAS COSAS DE LA VIDA

Tres personas iban caminando por un bosque: un sabio con fama de hacer milagros, un rico terrateniente del lugar y, detrás de ellos y escuchando su conversación, un joven alumno del sabio. Aprovechando que estaba en presencia del sabio, el poderoso terrateniente le dijo:

—Me han dicho en el pueblo que eres muy poderoso, que incluso puedes hacer milagros.

A lo que el sabio le respondió:

—Soy una persona vieja y cansada... ¿Cómo crees que yo podría hacer milagros?

Pero el hacendado insistió:

—Me han contado que sanas a los enfermos, restituyes la vista a los ciegos y vuelves cuerdos a los locos... Esos milagros sólo los puede hacer alguien muy poderoso.

A lo que el sabio repuso:

—¿Te referías a eso? Pues bien, tú lo has dicho, esos milagros sólo los puede hacer alguien muy poderos no un viejo como yo. Esos milagros los realiza Dios; yo sólo pido que se conceda un favor para el enfermo. Todo el que tenga la fe suficiente en Dios puede hacer lo mismo.

Pero el hombre con fortuna le pidió:

—Yo quiero tener la misma fe para poder realizar los milagros que haces... Muéstrame un milagro para que pueda creer en tu Dios.

—Esta mañana, ¿volvió a salir el sol? —le preguntó el sabio.

—¡Sí, claro que sí!

—Pues ahí tienes un milagro... el milagro de la luz.

—No, yo quiero ver un VERDADERO milagro —protestó el hombre rico—, oculta el sol, saca agua de una piedra... Mira, hay un conejo herido junto al camino, tócalo y sana sus heridas.

El sabio le volvió a preguntar:

—¿Quieres un verdadero milagro? Bien. ¿No es verdad que tu esposa acaba de dar a luz hace algunos días?

—¡Sí! Es varón y es mi primogénito.

— Ahí tienes el segundo milagro... el milagro de la vida.

—Sabio —replicó el terrateniente—, tú no me entiendes, quiero ver un verdadero milagro...

Y el sabio inquirió:

—¿Acaso no estamos en época de cosecha? ¿No hay trigo y sorgo donde hace unos meses sólo había tierra?

—Sí —respondió el hombre rico—, igual que todos los años.

—Pues ahí tienes el tercer milagro...

—Creo que no me he explicado; lo que yo quiero...

Pero antes de que pudiera terminar, el sabio lo interrumpió:

—Te has explicado bien; yo ya hice todo lo que podía hacer por ti... Si lo que encontraste no es lo que buscabas, lamento desilusionarte.

Luego de escuchar estas palabras, el poderoso terrateniente se retiró muy contrariado por no haber encontrado lo que buscaba. El sabio y su alumno se quedaron parados a un lado, y cuando él ya estaba muy lejos y ya no podía verlas, el sabio levantó al conejo, sopló sobre él y sus heridas quedaron curadas. El joven estaba algo desconcertado:

—Maestro: te he visto hacer milagros como éste casi todos los días. ¿Por qué te negaste a mostrarle uno al caballero? ¿Por qué lo haces ahora que no puede verlo?

El sabio demostró su sabiduría, una vez más, con estas palabras:

—Lo que él buscaba no era un milagro, era un espectáculo. Le mostré tres milagros y no pudo verlos... Para ser rey, antes hay que ser príncipe; para ser maestro antes hay que ser alumno... No puedes pedir grandes milagros si no has aprendido a valorar los pequeños prodigios cotidianos. El día en que aprendas a reconocer a Dios en ellos, ese día comprenderás que no necesitas más milagros que los que Dios te da todos los días, sin que tú se los hayas pedido.

Cuando estamos en problemas siempre pedimos ayuda a Dios y eso está bien porque no hay nadie que pueda ayudarnos más que Él. Pero no pidamos solamente que realice milagros en nuestra vida: pidamos la cordura para pensar claramente, la paciencia necesaria para mantenernos tranquilos y actuar bien, la fortaleza que hace falta para afrontar los retos y la fe suficiente para seguir amándolo sin importar lo que pase...

Cuando te pido que me escuches
y tú comienzas a darme consejos
no haces lo que te pedí.
Cuando te pido que me escuches
y tú comienzas a decirme
por qué no debo sentirme así,

estás pisoteando mis sentimientos.
Cuando te pido que me escuches
y tú sientes que debes hacer
algo para solucionar mis problemas,
me has fallado, por extraño que parezca.
Quizá sea por eso que algunas personas
buscan la oración.
Porque Dios es mudo y no da consejos
ni trata de arreglar las cosas.
Sólo escucha y confía en que tú
las arreglarás por ti mismo.
Entonces, por favor, sólo escúchame.
Y si tú quieres hablar
espera unos minutos que llegue tu turno
y te prometo que te escucharé.

AUTOR ANÓNIMO

91

LA VIDA ES UN SUEÑO, REALÍZALO

Soñar no está mal. Los sueños son importantes, pues nos impulsan hacia delante. Lo que es perjudicial es pasarse la vida soñando. Dedicamos una gran parte de nuestro tiempo a imaginar y no las suficientes energías a concretar nuestras ideas. Cuando era un adolescente, pasaba la mayoría de mi tiempo soñando lo que sería de grande: quería ser un dirigente importante para poder ayudar a mi país. Un día descubrí que me sentiría mejor si podía realizar pequeñas cosas, aunque parecieran insignificantes. De hecho, el mundo no necesita sólo de grandes pensadores, sino también de realizadores, por más modestos que sean. Gandhi, que llegó a ser uno de los grandes líderes espirituales del mundo, no pasaba sus días sólo soñando grandes proyectos, sino que produjo una gran revolución en su país con gestos que no parecían trascendentes. Quería, por ejemplo, que el uso de la rueca diera origen a una industria doméstica para que la gente pudiera fabricar su propio hilado. Y lo logró. "Si trescientos millones de personas hicieran lo mismo una vez por día —decía—, no porque un dictador se lo ordenara sino porque los inspirara el mismo ideal, tendríamos una unidad de propósitos suficiente para alcanzar la independencia", decía.

Tenía tanta fe en la rueca que la puso en el centro de la bandera del partido del Congreso, que a la postre fue la bandera de la India independiente.

Con frecuencia, pasan por nuestra mente proyectos complicados, que jamás verán la luz. Hay ideas que demoran un instante en formarse, pero que a menudo toda una vida no alcanza en concretar. Cuando uno es simplemente un soñador, pasado un tiempo esos sueños no concretados se transforman en una carga, una carga que llevamos en nuestra mochila. Y nuestra mochila se va llenando de frustraciones que vamos acarreando sobre nuestras espaldas por el resto de la vida. Pero cuando uno se vuelve un realizador de cosas pequeñas, crece el respeto y la confianza en sí mismo, y la mochila se vuelve sumamente liviana.

92

ACEPTA EL RETO DE VIVIR

Un sábado, salí a trotar muy temprano por la mañana. Cuando volví a casa, apenas había pasado la puerta de entrada, recibí un llamado telefónico: habían perdido las llaves de una de las sedes de la Fundación y estaban todos los alumnos en la vereda; me pedían que fuera con urgencia. Estaba sudado, cansado de correr y con hambre porque aún no había tomado el desayuno. ¡Eran recién las ocho de la mañana! Sentí que el mal humor comenzaba a apoderarse de mí. Pero en ese momento, otro pensamiento se formó en mi mente: "En este momento puedo elegir entre dos actitudes: la amargura por este trastorno que viene a complicar mi día o el entusiasmo ante la oportunidad de resolver un problema". Entonces, subí al automóvil y me dirigí hacia allá. Cuando estaba a sólo una cuadra de la sede, recibí una nueva llamada:

—David, no sabemos cómo, pero la puerta se abrió.

La vida es un constante aprendizaje, un permanente estado de experimentación del cual rescatamos aquellos elementos que nos son útiles para evolucionar y ser mejores personas. ¿Qué sería de nosotros sin estos pequeños contratiempos? El grado de preocupación que sentimos frente a ellos está más relacionado con la manera de encararlos que con los problemas en sí. Cada obstáculo que nos presenta la vida es una ocasión para crecer. No huyamos de las dificultades, amémoslas. Agradezcamos los escollos que la vida nos presenta porque después de superarlos seremos invariablemente más sensibles, más humanos y más fuertes. Además, ¿quién dijo que vivimos en un mundo ideal? Somos nosotros quienes debemos hacerlo si no ideal, al menos mejor.

Siempre ten presente que...
La piel se arruga,
el pelo se vuelve blanco,
los días se convierten en años,
pero lo importante no cambia;
tu fuerza y tu convicción no tienen edad.
Tu espíritu es el plumero de cualquier telaraña.
Detrás de cada línea de llegada
hay una de partida;
detrás de cada logro,
hay otro desafío.
Mientras estés vivo,
siéntete vivo.
Si extrañas lo que hacías,
vuelve a hacerlo.
No vivas de fotos amarillas.
Sigue aunque todos esperen que abandones.
No dejes que se oxide el hierro que hay en ti.
Haz que, en lugar de lástima, te tengan respeto.
Cuando por los años no puedas correr, trota.
Cuando no puedas trotar, camina.
Cuando no puedas caminar, usa el bastón.
¡Pero nunca te detengas!

MADRE TERESA DE CALCUTA

93

ÉSTE ES TU TIEMPO: NO LO DESPERDICIES

Mataji siempre nos dice: "No desaprovechen su tiempo: llénenlo de Luz y Amor". Nuestro tiempo es el único bien no renovable que tenemos. Tiempo que se va, tiempo que no vuelve. No importa la estación ni el lugar, cada momento es importante. Tantas veces oímos decir: "¿Por qué tuve que darme cuenta tan tarde?". No es así. No fue tan tarde; fue justo a tiempo, a nuestro tiempo. Otras veces lamentamos: "¿Por qué perdí tanto tiempo?". Tampoco hemos perdido el tiempo: todo aquello que desdeñamos como inútil fue lo que necesitábamos para darnos cuenta de lo que hoy sabemos, porque cada nuevo aprendizaje se configura sobre el anterior.

Es tiempo de cambiar actitudes poco felices; abandonar hábitos dañinos para nuestra salud; acercarnos a aquellos seres que hace tiempo no vemos y cuya presencia nos es grata; dedicarnos a la reflexión y la meditación; estar en silencio; darnos la ocasión de disfrutar de la naturaleza; disfrutar de los niños; charlar con la gente mayor y decirle a nuestros seres queridos que los amamos. Es tiempo de agradecer al compañero de ruta que tenemos al lado y de abrazar a nuestros hijos. Cuando llegue el tiempo de partir, bendeciremos el camino que nos tocó recorrer.

En Paz

Muy cerca de mi ocaso, yo te bendigo, vida,
porque nunca me diste ni esperanza fallida
ni trabajos injustos, ni pena inmerecida.

Porque veo al final de mi rudo camino
que yo fui el arquitecto de mi propio destino;
que si extraje las hieles o la miel de las cosas
fue porque en ellas puse hiel o mieles sabrosas:
cuando planté rosales, coseché siempre rosas.

Cierto, a mis lozanías va a seguir el invierno,
¡mas tú no me dijiste que mayo fuese eterno!

Hallé, sin duda, largas las noches de mis penas,
mas no me prometiste tan sólo noches buenas
y, en cambio, tuve algunas santamente serenas…

Amé, fui amado, el sol acarició mi faz.
¡Vida, nada me debes! ¡Vida, estamos en paz!

Amado Nervo

94

RECUERDA QUE LOS MAYORES LOGROS INVOLUCRAN MAYORES RIESGOS

A menudo, Iana me pregunta: "¿Pero David, por qué quieres seguir haciendo cosas? ¿No estás arriesgando demasiado? ¿Por qué no te quedas tranquilo?", y me pongo a dudar. Pero después pienso que si tuvimos la dicha de conocer el yoga y disfrutar de sus beneficios, ¿por qué no voy a tratar de difundirlo para que todos tengan la misma oportunidad? ¿Por qué ocultar esta maravillosa ciencia en una caja y reservar sus "secretos" para tan sólo unos pocos? Siento que mi misión es transmitir la práctica del yoga. Por eso elijo arriesgar algo de mi tranquilidad y emprender nuevos desafíos.

Nos enfrentamos a diario con decisiones que debemos tomar, y si queremos alcanzar el éxito en cualquier proyecto, debemos arriesgar. Pero también debemos aprender a conformarnos con los resultados. A veces hay que aceptar las cosas transitoriamente, mientras se busca cómo mejorarlas por otro camino o en otro momento. Debemos aplicar el principio de shantosha o contentamiento, es decir estar satisfechos con lo que tenemos o con lo que hemos alcanzado.

95

REGALA TU AMOR HOY MISMO

Si quieres hacer feliz
A alguien que quieras mucho…
Díselo hoy, aunque ya lo sepa.
Si puedes dar una flor
No olvides que eres mortal,
y los que amas también
Envíala hoy con amor.
A tu amigo, cerca o lejos,
hazle sentir tu afecto hoy.
Serás mucho más feliz
si aprendes a hacer felices
a todos los que conozcas
Nunca visites panteones,
ni llenes tumbas de flores,
Llena de amor corazones
En vida, hermano, en vida.

96

¿SABES DISTINGUIR LAS SEÑALES?

La vida nos envía señales sin cesar. Mataji fue una señal en mi camino y estuvo un tiempo largo delante de mis ojos sin que yo pudiera verla, hasta que aquel día, en la cárcel de San Carlos en Uruguay, pude verla como si la viera por primera vez y decirme a mí mismo: "Esto es lo que tengo que hacer con mi vida". A partir de entonces, empecé a estar atento a las señales. A veces, como me ocurrió a mí, éstas se nos presentan y no somos capaces de verlas. Por otro lado, no basta sólo la señal para responder a ella; hace falta que despierte la voluntad de actuar. Podemos ver algo como bueno y valioso, pero no querer hacer el esfuerzo para incorporarlo como propio. Nuestros patrones de conducta y hábitos establecidos suelen obstaculizar un determinado cambio en nuestras vidas.

Varios años atrás, cuando estábamos buscando un lugar para la sede en Belgrano, vi una vieja casa que me gustó, a pesar de estar muy deteriorada. Decidí que podríamos arreglarla y alquilarla, y le dejé una seña a la inmobiliaria.Yo tenía una idea, pero no estaba seguro de si debía llevada a cabo. Entonces le pedí al Creador: "Si Tú quieres esto, envíame una señal para saber si debo realizarlo. Si no lo quieres, no lo haré".

Pasó un mes y no me respondieron. Pasó otro mes y tampoco hubo respuesta. Entonces, llamé por teléfono y me dijeron que la casa tenía muchos problemas y que no creían que fuera posible la operación. Convenimos en que me devolverían la seña.

Por esos días, un alumno se me acercó diciéndome:

—¿Sabes una cosa, David? Tengo una casa para ti.

—¿En serio? —le respondí, interesado.

—Sí —me dijo— por la zona de Belgrano.

—Ah, justamente es la zona que nos interesa —le dije.

—Es en la calle Echeverría 2773.

Lo miré, asombrado y le dije:

—Yo ya estuve en esa casa...

—¿Sí? —se sorprendió—. Pero creo que es para ti.

—Dejé la seña hace dos meses y no pasó nada –le expliqué.

—Por eso es que yo estoy hoy aquí —me dijo con seguridad.

El alumno me llevó a hablar con el abogado que estaba en la sucesión y en diez minutos terminamos la operación.

Cuando se produce un éxito es porque coinciden un sinnúmero de factores y la suerte o la astucia se encontraron en el lugar y en el momento apropiados. Si uno hubiera llegado un minuto antes o un minuto después, no sería parte de ese evento. Si estamos atentos, podremos aprovechar las energías que fluyen a nuestro alrededor para captarlas en el momento en que nos son favorables.

97

NO DESESTIMES EL VALOR DE UNA SONRISA

Cuando Mataji escapó de Rusia en los años de la revolución bolchevique, se refugió en Polonia. Pero las autoridades polacas la arrestaron pensando que podía ser una espía rusa. Fue llevada a la cárcel, donde la metieron en un calabozo junto a ladrones y otros delincuentes. Nunca se había sentido tan cerca del peligro. A las pocas horas de llegar, uno de ellos se acercó y le dijo:

—No se preocupe, niña, ahora van a liberar a algunos de nosotros; si usted no logra salir de aquí, vendremos a salvala.

Mataji estalló de risa y tuvo una idea asombrosa: "¡En estos momentos, mis mejores amigos son unos bandidos, ya que ni siquiera la gente que más me quiere puede librarme de esta situación!".

Nuestro sentido del humor es como un músculo; a medida que lo ejercitamos, se hace más fuerte y más natural. A lo largo del día, son pocas las oportunidades que uno tiene para reírse, por las preocupaciones que lo embargan. Cuando nos reímos, segregamos endorfinas, hormonas que alivian el dolor y crean bienestar en el organismo. Regalar una sonrisa puede ser suficiente para cambiarle el humor a alguien. Una palabra, una galantería le alegran el día a cualquiera. ¿A quién no le gusta recibir un cumplido? ¿O escuchar que alguien se alegra de vernos?

Mataji tenía ya noventa y tantos años, y seguía saliendo a caminar por la calle, saludando a aquellos que se cruzaban en su camino. Muchos se abalanzaban sobre ella para darle fuertes abrazos y para besarla, y había quienes le decían:"Mataji, ¿cómo puede besar así a todo el mundo?". "¿No le da miedo de que alguno le vaya a contagiar alguna enfermedad?" A lo que ella respondía, riéndose a carcajadas: "Mire, yo abrazo a todo el mundo. ¡No voy a andar pidiéndole certificado de salud a cada uno...!"

Una sonrisa no cuesta nada y produce mucho.
Enriquece a quienes la reciben
sin empobrecer a quienes la dan.
No dura más que un instante,
pero su recuerdo a veces es eterno.
Nadie es tan rico que pueda pasarse sin ella,
y nadie es tan pobre que no pueda
enriquecer con sus beneficios.
Una sonrisa es descanso para los fatigados,
luz para los decepcionados,
alegría para los tristes
y el mejor antídoto contra las preocupaciones.
Una sonrisa no puede comprarse,
no puede obtenerse por caridad,
no puede robarse ni puede ser prestada,
porque una sonrisa es algo que a nadie rinde beneficio
a menos que sea brindada espontánea y gratuitamente.
Y si, en el trato con nuestros compañeros
alguien está demasiado cansado para
brindar una sonrisa, regálale una de las
tuyas, pues nadie necesita tanto de una sonrisa,
como aquel a quien no le queda
ninguna que ofrecer.

MOHANDAS KARAMCHAND GANDHI

Séptima Parte

AMA PROFUNDA Y APASIONADAMENTE

98

Y TÚ, ¿QUIERES A ALGUIEN?

Sirve a todos,
Ama a todos,
Haz el Bien y
Siéntete bien.
SWAMI SIVANANDA

¿Servimos a todos? ¿Amamos a todos? ¿Hacemos el Bien? Y ¿nos sentimos bien haciéndolo? Estamos esperando, a menudo, que nos sirvan, que nos amen, que nos hagan el bien y que se sientan bien mientras lo hacen.

En una oportunidad, una mujer le dijo a Mataji:

—¿Sabe una cosa, Mataji? A mí nadie me quiere.

Entonces, Mataji le hizo unas caricias en la cabeza y le preguntó muy dulcemente:

—Y usted, ¿quiere a alguien?

"Da Luz y Amor a todos". Mataji no se cansa de repetir esta frase. El volumen de amor que se entrega no es, obviamente, el mismo cada vez. Pero el amor debe ser ofrecido siempre. Es muy fácil amar a quien nos quiere; más difícil es amar a quien nos hace el mal, e incluso a nuestros enemigos. Cuando albergamos sentimientos de rabia y de rechazo, terminamos enfermándonos por dentro, primero en nuestra mente, y luego manifestando ese mal en el propio cuerpo.

El Amor no es una expresión que aplicamos solamente a una relación afectiva, sino una energía que utilizamos en todo lo que hacemos. En el trabajo, significa hacerlo lo mejor posible, con cariño y con dedicación, para que la persona que recibe nuestro servicio se sienta feliz y bien servida. Cuando se trata del ocio, supone utilizarlo" para recrear el espíritu al mismo tiempo que para brindar consuelo. El Amor es una vía de dos sentidos: cuando hacemos lo mejor que podemos, no sólo hacemos feliz al otro, sino que también nosotros nos sentimos dichosos.

Cuando amamos, todo se transforma: el sol brilla más fuerte, la luna y las estrellas resplandecen con mayor fulgor, los pájaros cantan con mayor belleza, los niños ríen con más alegría y el color de las flores es más intenso. Pero cuando no amamos, percibimos las nubes en el cielo, nos olvidamos de observar las estrellas, vemos las arrugas en la vejez y no soportamos el llanto de los niños.

99

AMA PROFUNDAMENTE, AUNQUE SALGAS HERIDO

Un soldado, en medio de una batalla, se acercó a su superior y le dijo:

—Mi amigo no ha regresado, mi teniente. Solicito permiso para ir a buscadrlo.

—Permiso denegado—replicó el oficial—. No quiero que arriesgue usted su vida por un hombre que probablemente ha muerto.

El soldado, haciendo caso omiso de la prohibición salió, y una hora más tarde regresó mortalmente herido. A pesar de todo, había podido rescatar el cadáver de su amigo.

El oficial estaba furioso:

—¡Ya le dije yo que había muerto! ¡Ahora he perdido a dos hombres! Dígame, ¿merecía la pena ir allá para traer un cadáver?

Y el soldado moribundo respondió:

—¡Claro que sí, señor! Cuando lo encontré, todavía estaba vivo y pudo decirme: "¡Estaba seguro de que vendrías!"

Cuando amamos de verdad, amamos hasta las últimas consecuencias. No es posible amar a medias.

100

ACTÚA DE ACUERDO CON TU VERDADERA NATURALEZA

Había en la India un hombre viejo que solía meditar muy temprano cada mañana bajo un gran árbol a orillas del río Ganges. Una mañana, al terminar su meditación, el hombre abrió sus ojos y vio un escorpión indefenso, siendo arrastrado por la fuerte corriente del río. Cuando el escorpión se acercó al árbol, quedó atrapado en sus raíces, que se extendían en el lecho del río. El escorpión luchó desesperadamente para liberarse, pero quedó cada vez más enredado en la compleja red de raíces.

Cuando el viejo observó esto, sin vacilar estiró la mano para rescatar al escorpión que se ahogaba. Pero apenas lo hubo tocado, la criatura saltó y lo mordió con saña. Instintivamente, el hombre retiró la mano, pero luego de recuperar el equilibrio, se inclinó otra vez sobre las raíces para salvar al escorpión que agonizaba. Pero cada vez que se acercaba a éste, el escorpión lo picaba tan salvajemente con su cola ponzoñosa, que sus manos se llenaron de sangre y su rostro se crispó de dolor.

En ese momento, un hombre que pasaba por allí observó al anciano con el cuerpo extendido sobre las raíces luchando con el escorpión y gritó:

—¡Eh, viejo! ¿Acaso estás loco? ¡Solamente un demente arriesgaría su vida por una criatura fea e inútil como ésa! ¿No sabes que te puedes matar tratando de ayudar a tan ingrato animal?

Lentamente, el anciano volvió la cabeza y, observando al desconocido, le dijo:

—Amigo, sólo porque la naturaleza del escorpión sea morder, ¿por qué renunciaré a mi naturaleza, que es la de salvar?

101

RECUÉRDALES QUE LOS AMAS

Cuando uno dice "te amo" está pronunciando palabras que han sido repetidas y repiten millones de personas, y se tiene la impresión de que pueden haber sido desgastadas con el tiempo. Por este motivo, cuando las decimos, además de hacerlo con todo el corazón, acompañemos las palabras con gestos y, sobre todo, con acciones.

Llevábamos ya varios años de casados, años que yo creía habían sido muy felices, cuando un día Iana me preguntó:

—David, ¿me quieres?

—¿Cómo no te voy a querer? ¡Por supuesto que te quiero! ¡Te adoro!

—¿Sí? ¿Y por qué nunca me lo demuestras?

—¡Pero si te lo demuestro todos los días! Todo lo que hago, lo hago por ti y por nuestra familia. ¿Acaso falta algo en casa? ¿No nos vamos de vacaciones siempre juntos? ¿No nos llevamos bien y tratamos de sortear nuestras dificultades dialogando? ¿Acaso tu madre no vive con nosotros? ¿Qué otra demostración de amor me pides?

—David —dijo ella —, sé lo que me dices, lo entiendo, pero necesito que me digas de vez en cuando algo lindo, un piropo, no sé...

—Pero es que en mi casa nunca me lo enseñaron...

—David, no te estoy haciendo reproches, simplemente te estoy diciendo lo que necesito. Necesito que me digas más a menudo que me quieres.

Dos días después, Iana apareció con un vestido que yo jamás había visto. Y recordé nuestra conversación.

—Iana, ¡qué guapa estás hoy! Te queda muy bien tu vestido nuevo...

Ella se echó a reír:

—David, hace tres años que tengo este vestido...

Pero como sabía que yo estaba haciendo un esfuerzo por cambiar, aceptó el elogio con alegría. Lo importante es que comencé a expresar mi cariño de una manera diferente. Aprendí que no hay que dar nada por sabido y que es preciso recordarles todos los días a nuestros seres queridos cuánto los amamos.

102

CREE EN EL AMOR A PRIMERA VISTA

A veces, conocemos a una persona y se produce una "química" muy especial en la cual debemos confiar. Es indudable que la "química" por sí sola no alcanza, pero es el comienzo.

Conocí a Iana por casualidad. Un día, vino a visitarnos una de mis primas a la que no veía casi nunca, y me pidió que la dejara en casa de una amiga. Mientras íbamos en el automóvil me contó que su amiga era una chica rusa recién llegada, que no conocía a nadie en Buenos Aires. Luego me preguntó si la quería conocer.

—No puedo —le dije. Por ese entonces, yo estaba haciendo el servicio militar. Era mi día libre y tenía otros planes.

Cuando llegamos a la casa de su amiga, mi prima se bajó del automóvil y me dijo:

—David, serán dos minutitos. Vienes, la saludas y te vas.

En efecto, fue una breve presentación. Sin embargo, me impactó el hecho de que Iana no pudiera comunicarse en castellano y sentí una gran necesidad de ayudarla.

Pasó un tiempo y volvimos a vernos. A partir de ese momento, ya no pude resistir la tentación de ofrecerme a enseñarle castellano, a lo cual ella accedió con entusiasmo. Llegaba a su casa con *El Principito* bajo el brazo y leíamos juntos. Fue a través de estos encuentros que me enamoré. Y me enamoré perdidamente.

103

CÁSATE CON ALGUIEN A QUIEN LE GUSTE CONVERSAR

Cuando le preguntaba a Paula antes de casarse qué era lo que le gustaba de su novio, me respondía que lo que más le atraía era que fuera inteligente y que tuviera con quien conversar. Lo mismo me sucede con Iana y aun con mi suegra, que vive con nosotros.

Cada vez parece hacerse más dificil la posibilidad de un verdadero diálogo: las mujeres se aburren con los hombres y los hombres se aburren con las .mujeres. La falta de comunicación no se explica siempre por una carencia de intereses comunes o de habilidad para comunicarse, sino más bien por una vida sobrecargada de obligaciones, en la que el cansancio y la rutina atentan contra un clima adecuado para la conversación.

Cuando salimos del trabajo, tratamos de "bajar la cortina" y "desenchufarnos" de todos los problemas. Muchas veces no queremos que los conflictos laborales" contaminen" el hogar, y evitamos hablar sobre lo que nos sucedió ese día. Aun cuando lo hacemos con buena intención, al dejar atrás las contrariedades, cuando se dejan de compartir los momentos más importantes de la vida nos vamos distanciando y los vínculos se debilitan. En la medida en que no se aclaran los malentendidos ni se discuten los problemas que afectan a la familia, la pareja se va alejando cada vez más, y un día cada uno se da cuenta de que está conviviendo con una persona que desconoce.

La crisis del diálogo suele agudizarse cuando los hijos se van de casa. Mientras ellos están, sus actividades y vitalidad parecen ocuparlo todo. Pero cuando la casa recupera su quietud, ya no hay nada que esconda el silencio que se ha instalado en esa pareja.

La noche en que Paula se casó y volvimos a casa sin ella, sentí por primera vez el peso de ese silencio. Me di cuenta de que terminaba un ciclo de nuestra vida y comenzaba otro. La buena comunicación que tenemos con Iana nos permitió charlar sobre este cambio y encontramos un desahogo en el diálogo. Decidí estar menos tiempo frente a la computadora y compartir más actividades con ella. Ahora salimos a caminar juntos, vamos al cine o a tomar algo, y a menudo cortamos el ritmo laboral para tomarnos dos o tres días de vacaciones.

104

QUE TU AMOR SEA MÁS GRANDE QUE TU NECESIDAD

"¿Habéis confundido la necesidad con el amor?" decía la brillante inscripción en la pared. Y el caballero se dio cuenta de que había necesitado a su esposa y a su hijo más de lo que los había amado. Había amado la belleza de su esposa, su inteligencia y su encantadora poesía. También había necesitado las cosas agradables que ella solía hacer, como invitar amigos, coser ropa nueva, y preparar deliciosos platos para el caballero. Y luego se dio cuenta de que había necesitado el amor de su esposa y de su hijo porque no se amaba a sí mismo. Más tarde, el caballero lloró aún más al darse cuenta de que si no se amaba, no podía amar realmente a otros.

ROBERT FISHER,
EL CABALLERO DE LA ARMADURA OXIDADA

Muchas relaciones se fundan en una necesidad psicológica o material. Sin embargo, en toda relación, y no me estoy refiriendo solamente al ámbito sentimental sino también a la relación que existe entre padres e hijos o entre hermanos o amigos, el Amor tiene que ser el motor que la impulsa. Cuando las relaciones se basan en el intercambio —"Voy a ayudar a esta persona porque me conviene"— tienen una vida muy corta.

Aunque el otro nos engañe en cuanto a sus verdaderas intenciones, tenemos que proceder de acuerdo con el Amor. Porque el engaño es efímero y la mentira, precaria. De la misma manera en que nos servimos de los otros, estos abusarán de nosotros. Lo que permanece es el Amor, aunque el otro no sepa apreciarlo. Y nuestra certeza de haber dado lo mejor de nosotros, aun sin que nos paguen con la misma moneda.

105

TODOS NECESITAMOS AFECTO

Sería hipócrita no admitir que en toda relación existe algún tipo de necesidad. Pero ya que la hay, asegurémonos de que sea una de afecto. Si no recibimos cariño, nos vamos endureciendo y dejamos de sentir.

Una de mis alumnas enfermó de pronto y por un tiempo tuvo que permanecer en cama. Sus parientes comenzaron a preocuparse porque tardó mucho en recuperarse. Cuando retomó sus clases de yoga, le pregunté:

—¿Cómo te sientes?

—Muy bien —me respondió—. Pero extraño algo.

—¿Qué extrañas?

—Extraño toda la atención y el cariño que recibí cuando estaba enferma... ¿Sabes una cosa? Me trataban con tanta dulzura, mi familia me mimaba tanto, que me di cuenta de que yo, que nunca lo había reclamado, necesitaba profundamente esas demostraciones de afecto.

—Y hasta es posible que te hayas enfermado porque estabas necesitando cariño —le respondí.

—Me hubiera gustado quedarme un poquito más en la cama, no tan enferma por supuesto, pero sí lo suficiente como para seguir recibiendo esas muestras de amor.

Al comprobar su gran necesidad de afecto, se me ocurrió sugerirle:

—Ya que son varios en tu familia, pueden declarar un día de la semana en el que uno de los miembros es el rey. Y a ese rey, denle todos los gustos, todos los mimos y todas las atenciones en ese día. Al día siguiente, le tocará a otro, y así sucesivamente: cada uno va recibiendo el amor del grupo familiar de manera exclusiva durante una jornada.

Después de pensarlo unos instantes, me dijo:

—David, es una muy buena idea. ¡La voy a poner en práctica mañana mismo!

106

ATRÉVETE A SENTIR

Conozco a una señora que llegó hace muchos años de un país muy lejano, dejando a casi toda su familia atrás para radicarse en la Argentina. Cada vez que recibe una carta de su hermano, se emociona y llora porque hace muchos años que no lo ve. Cuando le propongo ir a visitarlo, me dice: "No, no quiero ir; para mí es mucha emoción y no sé si voy a poder soportarla". Entonces le sugiero que lo llame por teléfono, pero tampoco accede, pues también es mucha conmoción escuchar su voz...

Sin embargo, es tan lindo sentir, ser capaces de emocionarnos, de derramar una lágrima. Es tan hermoso sentir una caricia como ofrecerla, recibir un beso como darlo, mirar a los ojos y que con la mirada nos lo digan todo. No permitamos que la vida que llevamos nos robe el tiempo y el espacio para expresar nuestro cariño.

Cuando viajo a los Estados Unidos, suelo visitar a unos amigos de mis padres que viven en la Florida. Iana siempre me pregunta: "¿Por qué vas? Esa gente siempre termina añorando el pasado y llorando". Yo sé que son nostálgicos y que se conmueven fácilmente, pero a mí me hace bien compartir su emoción, y sé que agradecen mi visita y la oportunidad de recordar.

Hay personas que tienen miedo de sentir porque temen quebrarse, temen perder el control sobre sus emociones. Si sólo supieran todo lo que pierden cuando no permiten que afloren sus sentimientos…

107

ADMITE A TIEMPO LAS DIFERENCIAS DEL OTRO

Cuando la pareja está en la etapa inicial del idilio, cuando la vida se le presenta como una infinita extensión de tiempo, puede parecerle superfluo hablar de sus proyectos de vida. Si los miembros de esa pareja notan diferencias, prefieren pensar que por el solo hecho de estar juntos sus metas se irán asemejando. Si no les gusta algún aspecto del otro, creen que podrán corregirlo con amor y paciencia; no se dan cuenta de que es muy difícil cambiar a la otra persona.

Toda pareja que comienza a dar sus primeros pasos en la relación, debería plantear el proyecto de vida que imaginan para sí y para el otro. Es importante que cada uno defina cómo quisiera desarrollarse en el futuro, es decir, cuánta energía pondrá en su trabajo, qué está dispuesto a sacrificar para alcanzar sus objetivos y cuánta dedicación cree que podrá ofrecerle a la familia.

Además de definir sus propios sueños, cada uno debe saber qué espera de su compañero/a. Estos planteos sirven para adelantarse a cualquier problema que pueda surgir por falsas expectativas. Cuando se habla a tiempo sobre las diferencias naturales que se tiene con el otro, es más fácil aceptarlas, conciliarlas y evitar malentendidos " que puedan llevar a reproches e incluso producir una separación.

108

TRATA DE SER UN PROFETA TAMBIÉN EN TU TIERRA

Mataji solía decir en sus charlas: “El orgullo de la calle es la desgracia de la familia”. En el mundo actual, con frecuencia, observamos un desdoblamiento de personalidad en los seres humanos. Muchas veces escuchamos: “Pero ese hombre es una buena persona, aparentemente tenía un matrimonio muy feliz, ¿qué pasó? ¿Por qué dejó a su esposa y a sus hijos?”. Se advierte la increíble paradoja de que la persona que es querida y respetada fuera de su casa, tiene grandes problemas de relación puertas adentro: no es buen padre o buena madre, no es buen hijo/a ni buen nieto/a. El motivo suele ser que dedica toda su energía y su atención a cultivar su imagen externa.

Vamos asumiendo roles diferentes de acuerdo con nuestras actividades, y algunos son más sencillos que otros de desempeñar. Es muy fácil ser el amigo bondadoso, el que tiene “buena onda”, el que está dispuesto a ayudar a todos. Pero no es tan sencillo ser igualmente generoso y solidario en la propia casa. Y sin embargo, las victorias privadas preceden a las victorias públicas. No se puede tener éxito duradero con los “de afuera” si uno no alcanza primero el éxito en el ámbito familiar, así como no se pueden obtener frutos sin tener raíces.

Trabajar de adentro hacia fuera: desarrollemos la paciencia, la generosidad, el autocontrol en casa para después llevar estas cualidades al mundo exterior. De lo contrario, es posible que triunfemos, pero la victoria será ilusoria: ante la más mínima crisis, nos derrumbaremos ante el peso de nuestras máscaras. En cambio, si nos empeñamos en ser mejores con nuestros seres más próximos, lograremos una personalidad sólida y consistente, sin dobleces ni falsedades, que nos permitirá navegar las difíciles aguas de las relaciones humanas.

109

CREA UNA ATMÓSFERA AMOROSA EN TU HOGAR

El hogar es el refugio, el lugar donde nos recargamos luego de librar la batalla diaria. Por eso debe ser como un pequeño oasis dentro de nuestra vida. Cuando salimos a la calle, nos encontramos con un mundo en el que la discordia es casi permanente —la ambición, la envidia, las peleas por el poder forman parte de la realidad de todos—. Para defendernos de los ataques, nos ponemos, por así decirlo, una armadura. Cuando termina el día y regresamos al hogar, anhelamos quitárnosla. No obstante, a veces, en lugar de encontrar tranquilidad, nos topamos con un ambiente enrarecido por frecuentes discusiones y reproches, y donde no es posible sacarse el escudo porque todavía se lo necesita.

Es sumamente importante crear una atmósfera de tranquilidad en el hogar. Mataji siempre nos aconsejaba que cuidáramos los pequeños detalles: las flores en la mesa, el mantel cuidado, las sábanas limpias, una comida rica, una música agradable. Estos detalles nos hacen sentir bien recibidos, aun cuando no haya nadie en casa. Y cuando somos tratados con cariño, hacemos lo mismo con los demás, porque el camino del afecto es de ida y vuelta.

Una vez el padre de una familia acaudalada llevó a su hijo a un viaje por el campo, con el firme propósito de que éste viera cuán pobres eran las gentes en esos lugares; para que comprendiera el valor de las cosas y lo afortunados que eran ellos. Estuvieron en una granja de una familia campesina muy humilde por espacio de un día y una noche. Ya de regreso, el padre le preguntó a su hijo:

—¿Qué te pareció el viaje?

—¡¡Muy bonito, papá...!!

—¿Viste qué tan pobre y necesitada puede ser la gente?

—¡¡Sí!!

—Y ¿qué aprendiste?

—Vi que nosotros tenemos un perro en casa, y ellos tienen cuatro. Nosotros tenemos una piscina de veinticinco metros, y ellos tienen un riachuelo que no tiene fin. Nosotros tenemos unas lámparas importadas en el patio, y ellos tienen las estrellas. Nuestro patio llega hasta el borde de la casa, mientras que el de ellos tiene todo un horizonte. En especial papá, observé que ellos tienen tiempo para conversar y convivir en familia... Tú y mamá tienen que trabajar todo el tiempo y casi nunca los veo.

El padre se quedó mudo...Y su hijo agregó:

—¡Gracias, papá, por enseñarme lo ricos que podríamos llegar a ser...!

110

RESPETA Y AMA A LOS ANCIANOS

A veces me pregunto por qué a los ancianos se les niega el derecho de terminar su vida felices. La respuesta es que es más fácil abandonarlos en un geriátrico que ocuparse de ellos; es más fácil declararlos insanos que acompañarlos. Se habla de falta de tiempo, de las dificultades que supone responder a sus necesidades. Andamos ocupados, muy ocupados para hacer una visita, una llamada, brindar un poco de nuestro tiempo a quienes han dedicado una vida a nuestro crecimiento y nuestro bienestar.

A medida que envejecen y que su salud se va deteriorando, el amor hacia nuestros padres o abuelos se va haciendo mezquino y pequeño y olvidamos lo que esas personas nos dieron. Los encerramos en algún instituto para que no nos estorben. Faltos de amor, estos ancianos se marchitan como una planta que no ve nunca el sol y pasan sus últimos años en la soledad y la tristeza.

> Cuenta la leyenda que en una aldea se seguía una tradición: cuando una persona llegaba a una determinada edad, era acompañada por su hijo al medio del bosque y allí era abandonada. Un hombre que ya estaba muy anciano y no podía vivir solo le dijo a su hijo:
>
> —Hijo, es tiempo de que me lleves al bosque, pues ya no me puedo cuidar solo y debo depender de la ayuda de los demás.

El hijo dijo:

—¡Padre, yo nunca haré algo así!

Pero el padre insistió:

—Quiero que me lleves al bosque, pues ésta es la tradición del pueblo. Mi abuelo llevó a su padre, mi padre al suyo y yo al mío. Ahora te toca a ti, hijo mío, cumplir con este mandato.

—Pero, ¿y qué pasa en el bosque? —preguntó el hijo.

—Permanecemos en el bosque —explicó el padre—, hasta que finalmente morimos y dejamos a la familia libre de hacerse cargo de un viejo...

El padre insistió e insistió hasta que el hijo aceptó llevarlo al bosque. Fueron caminando por un sendero sin hablar. El hijo, presa de un inmenso dolor; el padre, apesadumbrado pues ya no vería más al hijo ni a los nietos a quienes tanto amaba. Cuando llegaron al bosque, el padre habló:

—Hijo, ya es tiempo de despedirnos.

—Padre —volvió a decir el hijo con lágrimas en los ojos—, yo no quiero dejarte aquí solo... El frío de la noche no tardará en descender y te quedarás solo y triste… Ven a casa conmigo.

—Hijo, ya te expliqué. Ésta es la tradición de nuestro pueblo: mi padre lo hizo con su padre y yo lo hice con el mío... Esto ha estado ocurriendo durante muchas generaciones.

A lo cual su hijo respondió:

—Papá, pues si es así, yo quiero romper con la tradición.

Y volvieron juntos a la aldea.

111

SÉ GENEROSO CON TU TIEMPO

Vivimos a tanta velocidad y estamos tan llenos de obligaciones, que corremos el riesgo de perdernos los momentos más importantes de nuestra vida, y de negarle a los otros nuestro tiempo. Cuando nació mi hija, yo trabajaba durante el día y a la noche asistía a la universidad. Pero justo antes de su nacimiento, vi con claridad que lo que estaba por suceder sería irrepetible, y juré dedicar cada momento posible a acompañar su niñez y las etapas sucesivas.

Decidí dejar de estudiar, y ya no retornaría el estudio sino diez años después. Si bien perdí la oportunidad de recibirme joven, disfruté plenamente de la infancia de Paula. Comencé a llegar más temprano a casa, a ayudar a mi esposa en las tareas del hogar, y a disfrutar de la bebita. Los paseos en coche, las caminatas por la playa, sus primeros pasos, los juegos en la plaza... No creo que ningún padre deba perder esos momentos de un hijo, que son únicos y que no vuelven. Si tenemos hijos, seamos más que nunca generosos con nuestro tiempo.

—Papá, ¿cuánto ganas por hora? —preguntó con timidez y admiración un pequeño, al poco de llegar su padre al término de un día de trabajo.

El padre dirigió un gesto severo al niño y contestó:

—Mira, hijo, eso ni tu madre lo sabe. Y ahora no me molestes, que estoy cansado.

—Pero, papá —insistió él—, dime, por favor, ¿cuánto ganas por hora?

El padre suspiró y respondió:

—Pues gano diez pesos la hora.

—Papá, ¿me podrías prestar cinco pesos?

Fastidiado, el padre le dijo con brusquedad al pequeño:

—Así que era ésa la razón por la que querías saber lo que gano. Vete a dormir y no me molestes más.

Había caído la noche. El padre había meditado acerca de lo sucedido y se sentía culpable. Tal vez su hijo necesitaba comprar algo. Finalmente, para descargar su conciencia dolida se asomó al cuarto del niño.

—¿Duermes, hijo? —preguntó.

—Dime, papá —contestó éste con voz soñolienta.

—Aquí tienes el dinero que me pediste.

—Gracias, papá —el pequeño metió su manita bajo la almohada y sacó unos billetes—, ahora ya completé los diez pesos que necesito. ¿Me podrías vender una hora de tu tiempo?

112

LLAMA A TU MAMÁ

Cuando me casé, como muchas personas, corté una especie de segundo cordón umbilical. Si bien estaba muy unido a mi madre, en verdad no me afectó separarme de mi familia. Pero mi madre sí se vio afectada. Años más tarde, cuando dejé de trabajar en el negocio familiar, el corte fue aún más radical; de verla todos los días, pasé a visitarla una vez por semana y a veces ni eso, porque alguno de los dos estaba ocupado.

Mi madre sufrió mucho con esta situación, y empezó a recriminarme que no le prestaba la suficiente atención. Entonces decidí llamarla por teléfono. Todos los días. Pero en lugar de alegrarse, ella se sintió aún más decepcionada, y me reprochó por reemplazar con el teléfono una visita real.

—Tus llamadas parecen mensajes telegráficos —me decía.

En realidad, yo estaba trabajando mucho y necesitaba compartir el poco tiempo libre del que disponía con mi esposa y mi hija. Por otro lado, prefería hablar por teléfono antes que dejar pasar más de una semana sin comunicarme con ella. Pero, ante sus recriminaciones, decidí dejar de llamarla.

Estuvimos cerca de un mes sin hablarnos, hasta que nos encontramos en una reunión de familia y ella se acercó a saludarme. Lo hizo con mucho cariño. A partir de ese día, comencé a llamarla por teléfono de nuevo y cuando me atendió por primera vez, me dijo:

—¡Qué lindo es recibir tu llamada!

Ahora valoraba mi actitud. Una cosa era comparar esos minutos por teléfono con los encuentros diarios, y otra muy diferente soportar la ausencia total de comunicación.

Hoy, sigo llamando a mi madre todos los días. Son llamadas breves pero plenas de afecto:

—Hola, mamá, ¿cómo estás? ¿Cómo está tu día? ¿Qué vas a hacer hoy?

Pero son suficientes para hacerle saber que me importa y que estoy pensando en ella.

El contacto personal es esencial: es fundamental el abrazo, el estrechar la mano, el mirar al otro a los ojos; nada de esto se puede reemplazar. Es evidente que lo mejor es estar con las personas que queremos, verlas y poder charlar con ellas cara a cara. Pero si no es posible, hay que busca] una alternativa. Una llamada, un *e-mail*, una pequeña esquela son mejores que el silencio.

113

NO DESCUIDES TU JARDÍN

El discípulo se dirigió a casa de su maestro zen, que tenía uno de los jardines más hermosos que había visto jamás. Una vez allí, le contó a su maestro que tenía problemas con sus hijos y que quería respetar la naturaleza de cada uno de ellos para que hicieran lo que les parecía. Quería evitar que se sintieran frustrados en el futuro.

El maestro zen escuchó al discípulo y no dijo nada. Entonces, el discípulo le preguntó qué opinaba sobre el asunto y el maestro le respondió:

—¿Hace mucho que no visitas mi jardín?

—Sí —respondió el discípulo, no sabiendo por qué se lo preguntaba.

Entonces, el maestro lo invitó a ver su jardín. Pero en lugar de ver espléndidas rosas, vio que el jardín se había transformado en una maraña de malezas.

—¿Pero qué ha sucedido aquí? —preguntó el discípulo asombrado.

—Pues un día me cansé de cuidar mis rosas y dejé que las plantas crecieran como querían.

Los yuyos y las malezas habían ahogado las rosas, que primero crecieron en forma desordenada y luego murieron.

Ésta es la ley natural.

En ese momento, el alumno comprendió aquello que su maestro le quería decir.

Octava Parte

SÉ COMPASIVO TAMBIÉN CONTIGO MISMO

114

MEMORIZA TU POEMA FAVORITO

La poesía levanta el ánimo y acrecienta las ganas de vivir; la música nos regocija el espíritu. Todavía hoy recuerdo los poemas y resuenan en mis oídos las canciones con que mi madre nos despertaba e insuflaba ánimo para comenzar el día. El poema que sigue —sin duda muy popular— es uno de mis preferidos:

Volverán las oscuras golondrinas
En tu balcón sus nidos a colgar,
Y otra vez con el ala a sus cristales
Jugando llamarán;

Pero aquellas que el vuelo refrenaban
Tu hermosura y mi dicha a contemplar,
Aquellas que aprendieron nuestros nombres...
Ésas... ¡no volverán!

Volverán las tupidas madreselvas
De tu jardín las tapias a escalar
Y otra vez a la tarde, aun más hermosas,
Sus flores se abrirán;

Pero aquellas, cuajadas de rocío
Cuyas gotas mirábamos temblar
Y caer, como lágrimas del día...
Ésas... ¡no volverán!

Volverán del amor en tus oídos
Las palabras ardientes a sonar;
Tu corazón de su profundo sueño
Tal vez despertará;

Pero mudo y absorto y de rodillas,
Como se adora a Dios ante su altar,
Como yo te he querido... desengáñate,
¡Así no te querrán!

GUSTAVO ADOLFO BÉCQUER

En lugar de "como yo te he querido", mi madre solía decir "como yo te quiero ahora"... una afectuosa licencia poética.

Memoricemos nuestros poemas favoritos, o las letras de las canciones que nos agradan. De ese modo, los llevaremos con nosotros donde vayamos y nos brindarán inspiración. Si hace mucho que dejamos de leer poesía, reencontrémonos con su magia.

115

ERES DUEÑO DE LO QUE CALLAS Y ESCLAVO DE LO QUE DICES

En una oportunidad, participamos con Mataji en un programa de televisión. Habían invitado también a otras personas y comenzaron a discutir acerca del yoga competitivo. Unos estaban a favor, otros en contra. Unos decían que la competencia entre los chicos era un incentivo; otros decían que era un error usar el yoga como una prueba en un certamen, y así sucesivamente. Entonces una de las personas que estaba a favor hizo una demostración de sus habilidades. Fue una exhibición muy atrapante. Cuando concluyó, le preguntaron a Mataji:

—Mataji, ¿le gusta?

—Sí, me gusta —respondió ella.

—¿Qué opina, entonces, con respecto a esta discusión?

—Lo único que puedo decir —explicó Mataji— es que yo no lo hago.

Fue una respuesta muy corta pero a mí, que estaba sentado fuera de cámara, me pareció sumamente inteligente. Mataji había elegido no identificarse con ninguna posición. Había evitado ofender o herir a nadie, sin traicionar su propia forma de pensar. En esa situación Mataji había quedado en un punto de equilibrio, como si dijera: "Si usted quiere hacerlo, hágalo. Si no lo quiere hacer, no lo haga. Pero yo, yo no lo hago".

Por lo general, tomamos partido y nos vemos envueltos en discusiones interminables, al cabo de las cuales quedamos más convencidos que nunca de que teníamos razón. A veces callando, decimos mucho más que con mil palabras.

116

LEE MÁS

No toda la televisión es mala: existen programas sobre historia, geografía y fauna, sobre novedades del mundo científico y animal, y excelentes películas. Pero la televisión tiene un gran problema: puede producir una suerte de hipnosis y una separación de la realidad, disminuye el tiempo dedicado a la lectura y resta importancia al diálogo familiar. Cuando hay un televisor encendido, la gente deja de hablar y se entrega a la pantalla por entero; la televisión se vuelve una especie de intruso que acapara la atención de todos.

Todos sabemos que la televisión no sólo entretiene y difunde cultura, sino que transmite valores que no siempre son positivos. Tratándose del medio de comunicación más influyente, debemos resguardarnos de su magnetismo y tener mucho cuidado con lo que miramos. Detrás del humor está la grosería; detrás del entretenimiento, la degradación de valores éticos y morales, y, sin ser monjes, sentimos repulsión ante ciertos programas.

Indudablemente, la televisión se ha convertido en un medio de difusión de la cultura por excelencia, transmitiendo valores buenos y malos, y está aquí para quedarse. Pero ello no significa que tengamos que aceptar su potestad de manera ciega.

Sin darnos cuenta, introducen actitudes, pensamientos e ideas que nos alejan de quienes somos y de los ideales de acuerdo con los cuales queremos vivir, depositando en nuestras mentes valores que nos son ajenos. Una vez instalados, son muy difíciles de erradicar.

Cuando una idea encuentra en nosotros terreno fértil es como si hubieran plantado una semilla en nuestra mente. Hay semillas buenas y malas. La diferencia entre ambas es que la mala está siendo regada todos los días por los medios; la buena, en cambio, tiene que ser regada por nosotros mismos y tenemos que guardarla de las malezas que pueden ahogarla. Las ideas negativas tienen un alcance notable y si no poseemos una gran fuerza para contrarrestarlas, terminamos adoptándolas como propias.

En cuanto a la lectura, también sabemos que exige tiempo, un bien escaso. Leemos de forma cada vez más abreviada —en Estados Unidos venden los resúmenes de los libros para aquellos que no tienen tiempo para examinar el original—. A los chicos, especialmente, les cuesta leer porque están inmersos en una cultura "rápida", que les permite tomar lo que quieren sin hacer demasiado esfuerzo. Pero es también una cultura "enlatada" que les ofrece productos ya procesados, listos para ser consumidos. Leer es un proceso activo donde cada uno está obligado a participar con su propia imaginación y su pensamiento. Cuando leemos un libro, utilizamos sentidos que no se despiertan ante la televisión y se crea una intimidad muy especial entre el lector y el autor.

La lectura nos abre nuevos mundos. Recuerdo que leer la biografía de Gandhi, escrita por Louis Fisher, y luego los escritos del propio Mahatma, hizo nacer en mí el deseo de conocerlo. Pude viajar a la India y cumplir mi sueño. Gandhi me brindó esperanza y una razón por la cual luchar.

Leamos mucho, pero seamos selectivos también con nuestras lecturas y no creamos en todo sólo porque está impreso en letras de molde... Seamos abiertos a las opiniones diferentes, pero no seamos ingenuos e irreflexivos.

117

UNA VEZ AL AÑO, VISITA ALGÚN LUGAR DONDE NUNCA HAYAS ESTADO

Hace unos años, tuve la oportunidad de hacer una práctica de Karma yoga, el yoga de la acción, por medio del cual se busca una unión con Dios a través de un trabajo desinteresado por los demás.

Viajamos con Iana a Mont Abu, en la India, cerca de la frontera con Pakistán, para realizar un retiro espiritual. Cuando llegamos, me ofrecí para servirle la comida a todos los asistentes, un trabajo que habitualmente no le dan a los occidentales, ya que está reservado para los indios. A la hora del almuerzo, con otras tres personas, sacábamos la comida de unos enormes tachos y la distribuíamos entre una verdadera multitud. Como eran todos muy simpáticos, era fácil ser agradable y gentil con los que se acercaban. Sin mucha experiencia en el asunto, les fui tratando de enseñar a los indios cómo servir la comida en los platos y cómo mantenerla caliente. Era muy divertido, pues mientras estaba con ellos, hacían lo que yo les decía; pero cuando me iba, volvían a sus antiguos hábitos —algunos no muy higiénicos, como usar papel de diario para mantener las patatas fritas calientes—. Estuve trabajando allí quince días. Algunos mediodías, al terminar de servir la comida, nos reuníamos con otros latinos que estaban allí y algunos indios a los que les gustaba el fútbol, e íbamos a un lugar en medio de las montañas, a jugar nuestro partido, ¡con un calor de treinta y cinco grados!

Cuando visitamos un lugar, además de descansar, pensemos que tenemos una oportunidad de recargarnos espiritualmente. Mataji solía preguntar: "¿Cuál es la diferencia entre visitar Londres o París? Las casas, los monumentos, los edificios son muy lindos pero no dicen nada de los seres humanos que viven en ellos... Lo que es importante es conocer a la gente que vive allí". Cuando viajanmos, tratemos de que conlleve una experiencia humana y espiritual, para que tenga un sentido más profundo. En la India, como en pocos lugares, la espiritualidad está presente de manera constante. Detrás de la pobreza y la falta de condiciones mínimas de vida, hay una profunda religiosidad. Dentro de los negocios, en los medios de transporte, y hasta en los hoteles en que se hospedan los extranjeros se ven las figuras de los maestros, en señal de respeto y veneración.

Todos deberíamos poder salir de nuestra rutina de vez en cuando y hacer algo nuevo, diferente.

Un espíritu inquieto le da emoción y color a la vida. No hace falta viajar muy lejos: lo importante es renovarse y transformarse a través del contacto con otros lugares y su gente.

118

DISFRUTA DE CADA INSTANTE

Un mediodía de invierno, cuando aún trabajaba en el negocio de mi padre, iba hacia mi casa para almorzar. Caminando por la vereda del sol, me sentía acariciado y protegido por el calor de sus rayos. De pronto, un enorme macetón cayó desde lo alto y se estrelló frente a mí, a sólo unos centímetros. Miré hacia arriba y quedé paralizado. Lo único que atiné a pensar fue: "Gracias, Señor". Si hubiera pasado un segundo antes, la maceta me habría caído encima, y posiblemente estaría muerto. Aunque yo nada hubiese hecho para provocar este infortunio, habría sucedido de todas formas, obedeciendo a las leyes del universo, a la voluntad de Dios o al capricho del azar.

Me sentí el ser más afortunado de la Tierra, y a partir de allí, se produjo un punto de inflexión en mi vida: comencé a valorar cada instante, a atesorar los momentos de felicidad, porque fui consciente ese día con absoluta claridad de que en cualquier momento me podía ir de este mundo.

Nadie tiene asegurado cuánto tiempo va a vivir ni cuándo le va a tocar partir. Y sin embargo, no importa cuándo nos sacan del camino; lo importante es vivir en el eterno presente y no desperdiciar un solo instante.

119

APRENDE TODAS LAS REGLAS Y LUEGO ROMPE ALGUNAS

Para vivir en sociedad, tenemos que conocer nuestros deberes y obligaciones. Pero las reglas son meros instrumentos que ordenan nuestra vida y que deben estar al servicio de los seres humanos. Lo mismo ocurre con las reglas que nosotros mismos nos imponemos. Existe el peligro de habituarse a ellas y olvidarse de su sentido. Así le sucedió a una de mis alumnas que había sido bailarina en el Teatro Colón antes de comenzar a asistir a mis clases de yoga. Ella estaba en el cuerpo principal del ballet y practicaba en el gimnasio del teatro. Siempre elegía el mismo sitio para hacer sus prácticas: tomaba la barra en el mismo lugar y miraba hacia la misma ventana. Y así hizo durante los veinticinco años que duró su carrera profesional.

Cuando empezó sus clases de yoga, también eligió un lugar que le gustaba y comenzó a practicar siempre allí. Un día, vino un alumno nuevo a quien yo quería observar más de cerca y le pedí a esta alumna que cediera su lugar para que el joven principiante pudiera estar más cerca de mí. En ese momento, ella pareció incomodarse un poco, pero accedió y se fue a otro lado. Durante la clase, percibí que estaba un poco distraída, pero pensé que habría tenido un día complicado y que estaría cansada. A la vez siguiente, llegó unos minutos antes para hablar conmigo y me dijo que se había sentido muy mala clase anterior, por haberle dado *su* lugar al otro alumno. En ese momento y sin pensarlo, exclamé: “Pues, no sabía que tú lo habías comprado!”. Ella quedó desconcertada ante mi respuesta y no pudo disimular una sonrisa.

A partir de ese día, comenzó a variar el lugar donde se sentaba, no eligiendo nunca el mismo sitio. Aún hoy, dos años después, me dice: “Para mí fue un cambio importantísimo en mi vida el hecho de que me hayas cambiado aquella vez de lugar; no sabes cómo te lo agradezco”.

Cuando el orden o la costumbre se transforma en un apego, en un vínculo inflexible que creamos de manera inconsciente, sufrimos cuando se produce un cambio. Para evitarlo, de vez en cuando conviene tomar distancia de alguna de esas normas, incluso a modo de ejercicio. Cuando cambiamos un hábito por nuestra propia voluntad sufrimos menos que cuando el destino nos lo impone. Y aumentamos nuestra fe en nosotros mismos.

El problema es que nos habituamos muy fácilmente a ser inflexibles. Nos acostumbramos a pequeños hábitos que al principio parecen poco importantes —dormir del mismo lado de la cama, utilizar determinada marca de productos, leer el periódico a una determinada hora—, pero que luego adquieren una importancia desmesurada. Hay normas que no se deben romper porque provocan grandes daños —cruzar con semáforo en rojo es una de ellas—. Pero hay muchas, que admiten ser quebradas por el bien de todos. ¡Es tan saludable vivir con un poco de improvisación! Hagamos lugar en nuestras vidas para la espontaneidad. Mataji nos enseña a no ser tan rígidos: ella es una transgresora por naturaleza.

Novena Parte

PROCURA HACER SILENCIO EN TU INTERIOR

120

BUSCA LA PAZ VERDADERA

Un rey ofreció un gran premio a aquel artista que pudiera captar en una pintura la paz perfecta. Muchos artistas lo intentaron. El rey observó y admiró todas las pinturas, pero solamente hubo dos que realmente le gustaron y tuvo que escoger entre ellas.

La primera representaba un lago muy tranquilo. Este lago era un espejo perfecto en donde se reflejaban unas plácidas montañas que lo rodeaban y sobre ellas se veía un cielo muy azul con tenues nubes blancas. Todos los que contemplaron esta pintura pensaron que ésta reflejaba la paz perfecta.

La segunda pintura también tenía montañas. Pero éstas eran escabrosas y descubiertas. Sobre ellas había un cielo furioso del cual caía un impetuoso aguacero con rayos y truenos. Montaña abajo parecía retumbar un espumoso torrente de agua. Todo esto conformaba una imagen que no podía llamarse pacífica.

Pero cuando el rey observó con más cuidado, vio tras la cascada un delicado arbusto creciendo en una grieta de la roca. En este arbusto se encontraba un nido. Allí, en medio del rugir de la violenta caída de agua, descansaba plácidamente un pajarito en su nido...

El rey escogió la segunda. Cuando le preguntaron por qué, explicó:

> “Porque paz no significa estar en un lugar sin ruidos, sin problemas, sin trabajo duro o sin dolor. Paz significa que a pesar de estar en medio de todas estas cosas permanecemos calmos dentro de nuestro corazón. Éste es el verdadero significado de la paz.”

Cada persona debe trabajar para conseguir la armonía entre el corazón, el pensamiento y el cuerpo. El no tener conflictos no es la paz verdadera, nos dice Swami Satchidananda en su libro *Perlas de Sabiduría*. La verdadera paz es poder sobreponerse y en medio del conflicto mantener la serenidad. Nada externo podrá dárnosla, porque la paz provendrá siempre de nuestro interior. De esta manera, aun en medio de una vida muy agitada, podremos mantener la quietud y la calma.

121

APRENDE A MEDITAR

El término "meditación" se entiende de manera diferente en Oriente que en Occidente. Mientras que para los occidentales meditar es cavilar o pensar en algún tema, los orientales consideran que meditar es encontrar el espacio de silencio entre un pensamiento y otro, y una vez hallado, profundizar y ahondar en él. Sri Sathya Sai Baba dice que hay tres momentos en la meditación: un primer momento en el que se camina hacia la Luz, una segunda instancia en la cual la Luz está en uno y un tercer instante en el que uno es la Luz.

Para el hombre, la meditación es la mejor forma de alcanzar aquel estado de perfecta armonía en el que se unen la materia con el espíritu, el hombre con Dios y la conciencia individual con la conciencia cósmica. Por ello, la meditación es el objetivo final del yoga y hacia él apunta el trabajo conjunto del cuerpo, la mente y el espíritu. El antiguo codificador de yoga, Patañjali, define el yoga como la supresión de los remolinos de la mente, un estado al que se llega abstrayéndose del mundo y replegándose en el interior de uno mismo, donde se pierde noción de la propia realidad y del entorno.

A pesar de que meditar es sencillo, mucha gente dice que es dificil encontrar tiempo para hacerlo. Es cierto. A veces no tenemos tiempo ni ánimo de meditar. Es más fácil que logremos encontrar un espacio de silencio exterior para estar tranquilo que aquietar el ruido de la mente, ya que ésta se encuentra en estado de ebullición permanente. Mientras nos ocupamos de cosas externas, existen pensamientos congelados debajo de la superficie de nuestra conciencia. Pero cuando hacemos un alto y nos desligamos de los asuntos materiales, tratando de ocuparnos de nuestro ser interno, se produce el deshielo y las aguas comienzan a fluir rápidamente. Dejémoslos salir y no les pongamos trabas. Al igual que en las montañas durante la época de los deshielos, el agua que va bajando corre a gran velocidad. Cualquier cosa que se interpone es arrastrada con rapidez. De la misma manera, si salimos al cruce de nuestros pensamientos mientras están emergiendo a toda velocidad, éstos nos llevarán a un lugar remoto, alejándonos de nuestra meta final que es la tranquilidad.

Siempre les aconsejo a mis alumnos que no repriman los pensamientos, que los dejen surgir, pero que no se peguen a ellos. Y lentamente, esos pensamientos dejarán de fluir, la vehemencia se irá apaciguando y la mente encontrará su quietud. Esto no quiere decir que ya no haya nada en la mente, sino que los pensamientos siguen estando allí, pero en calma.

122

HAZTE UN ESPACIO PARA MEDITAR

La espiritualidad puede solamente venir al abrir la mente, lo vital y lo físico al Alma, al Yo Superior, a lo Divino en lo más profundo y recóndito de nuestro ser; y al subordinarnos a las fuerzas espirituales para servir como instrumento a los canales interiores de Luz, Conocimiento y Poder superiores.

SRI AUROBINDO

Si no dedicamos al menos unos minutos al silencio interior todos los días, poco a poco nos dejaremos devorar por los temores y los problemas que nos acechan desde afuera. Por ello, recomiendo seguir una rutina para meditar. Entre diez y quince minutos, y al menos una vez al día, tratemos de retirarnos del mundo exterior y meternos hacia adentro. Cuando se empieza a buscar el silencio, se encuentra el murmullo. Un murmullo que proviene de los pensamientos que estuvieron sumergidos en nuestro interior durante mucho tiempo y que al meditar hacemos aflorar.

Un discípulo se quedó dormido y soñó que había llegado al Paraíso. Pero, para su asombro, vio que allí estaban sentados su maestro y los otros discípulos, absortos en la meditación. "¿Y esto es la recompensa del Paraíso?", dijo. "¡Si es exactamente lo mismo que hacíamos en la Tierra!" Entonces oyó una voz que exclamaba: "¡Insensato! ¿Acaso piensas que esos que ves meditando están en el Paraíso? Pues bien, es justamente lo contrario: el Paraíso está en ellos".

123

RELÁJATE
ANTES DE MEDITAR

Para meditar, el cuerpo tiene que estar totalmente distendido, porque si hay tensiones, el proceso para llegar a la meditación se vuelve largo y complicado; la tensión del cuerpo no permite aquietar la mente porque estamos atentos a los dolores que afloran en él. Por eso, antes de profundizar en nosotros mismos, es conveniente realizar una pequeña práctica de relajación. Lo primero que debemos buscar es conectarnos con la respiración. Este simple ejercicio de ser conscientes de nuestro respirar, nos hace meternos hacia adentro. Una vez que el cuerpo ha disuelto sus tensiones, viene el momento de conducir la mente hacia la quietud.

> ¿Puedes aprender a ser abierto y receptivo, callado y sin deseos ni necesidad de hacer algo? Ser abierto y receptivo se llama Yin, lo femenino o el valle.
>
> Imagina que hay un estanque en el valle. Cuando no hay temores ni deseos que agiten su superficie, el agua forma un espejo perfecto. En este espejo puedes ver la imagen de Tao. Puedes ver a Dios y puedes ver la Creación.
>
> Entra en el valle, quédate quieto y mira el estanque. Entra cuantas veces quieras. Tu silencio crecerá. El estanque nunca se secará.
>
> El valle, el estanque y Tao están dentro de ti.
>
> JOHN HEIDER, *EL TAO DE LOS LÍDERES*

124

LA MEDITACIÓN RECUPERA TUS FUERZAS Y RECOBRA TU SALUD

Encontré estas anotaciones en el diario de un retiro que hice con Swami Satchidananda hace unos años:

> Después de limpiar las malezas del jardín, fuimos al Templo del Loto a meditar. Fue solamente media hora pero me costó bastante esfuerzo mantenerme quieto, ya que la espalda y las piernas no querían responderme. Recuerdo que este dolor fue haciéndose cada vez más intenso y me dejaba perplejo. Yo practicaba yoga y meditación hacía muchos años y no me explicaba por qué tenía los miembros tan rígidos. Cada vez que teníamos que mantener una postura en el suelo, una flecha de dolor me subía por la columna y los hombros, generándome un malestar insoportable.

En momentos en los cuales uno comienza a centrarse en sí mismo, afloran en nuestro cuerpo las tristezas y tensiones que estaban contenidas. Contenidas porque no les habíamos dado espacio para salir. El tremendo dolor que sentía en mis miembros era una manifestación de protesta de mi cuerpo. Se trataba de un proceso de purificación —una catarsis dirían los psicólogos—, en el cual se desprendían del cuerpo todas las impurezas que estaban acumuladas en él.

Cuando logramos la quietud de la mente, se recuperan las fuerzas y se recobra la salud, ya que la meditación tiene propiedades curativas y preventivas. Existen personas que han logrado la remisión de ciertas enfermedades gracias a la meditación porque produce una mayor circulación de oxígeno y *prana* por el cuerpo, ya que estos son los dos elementos utilizados para eliminar toxinas y células enfermas.

125

LIBÉRATE DE TUS TENSIONES

El ser humano ha convivido con situaciones de estrés desde el comienzo de los tiempos. Imaginemos a los primeros pobladores de la Tierra quienes debían enfrentar el peligro a diario para proveerse de alimento. Este hombre primitivo descargaba su tensión violentamente, luchando contra el enemigo o contra las fuerzas de la naturaleza. Con el tiempo, las condiciones de vida se volvieron menos peligrosas pero las presiones inherentes a la subsistencia no dejaron de existir, como tampoco la necesidad de descargarlas.

Hoy, las relaciones entre los seres humanos han evolucionado a tal punto que no es necesario buscar alivio mediante el combate físico u otros medios violentos de liberación. Es posible, sin embargo, que un individuo se descargue de manera explosiva aun con los seres que más quiere y que le son incondicionales. Si así sucediera, es conveniente ir aprendiendo maneras menos corrosivas de aflojarse y de liberar la energía negativa que está acumulada. Tenemos ciertas herramientas a nuestro alcance que nos ayudan a encontrar la tranquilidad y la armonía, tales como los ejercicios respiratorios, el yoga, la meditación, la relajación, el deporte y la contemplación. En mi caso, me da mucho resultado practicar largas caminatas por los llamados bosques de Palermo, una amplia zona arbolada de Buenos Aires en la que a ciertas horas se goza de mucha tranquilidad.

126

NO BUSQUES FUERA DE TI

Era de noche. Un transeúnte, al pasar junto a un farol, vio a una mujer que buscaba afanosamente algo por el suelo. Daba vueltas alrededor del farol, insistentemente, hasta que el transeúnte se aventuró a preguntar:

—Perdona que te moleste, buena mujer. ¿Qué se te ha perdido? ¿Qué buscas? ¿Puedo ayudarte en algo?

La mujer, con voz entrecortada por los sollozos, respondió:

—Busco una aguja. Llevo horas buscándola y no aparece.

—¿Se te ha caído por aquí?

—No —gimoteó la mujer—. La he perdido en mi casa, pero como allí no tenemos luz, he venido a buscarla junto a este farol.

A menudo ansiamos hallar fuera de nosotros sólo que lo en nosotros mismos puede ser hallado.

127

PASA ALGÚN TIEMPO EN SOLEDAD

Si te quieres mejorar a ti mismo, acude al silencio o a otra disciplina purificadora que gradualmente te muestre tu verdadero y generoso ser.

TAO TE-KING

Algunas mañanas, me escapo a un bar a desayunar solo. Sin los ruidos de la cocina o la televisión, me dedico a leer el diario, un libro, una revista, o simplemente me pierdo en el bullicio del bar sin pensar en nada, rodeado de gente pero solo. Durante las vacaciones me gusta sentarme en la playa y contemplar el mar. Mirar el vaivén de las olas, el vuelo de las gaviotas y el momento en que el sol se esconde tras el horizonte colma mi espíritu de una manera extraordinaria y no me muevo hasta que se apagan los últimos rayos. Puedo calmar mi mente y conectarme conmigo mismo. Esta contemplación me pone en sintonía con mi verdadera esencia, la chispa divina de la cual todos estamos hechos.

128

NO LE TENGAS MIEDO AL SILENCIO

Con el barullo del mundo se silencia la voz de Dios.
Cuando se silencia el mundo, se oye la voz de Dios.

LEYENDA INSCRIPTA SOBRE LA PIEDRA FRENTE A UNA PEQUEÑA CAPILLA EN URUGUAY

Hace unos años participamos con Iana de un retiro de silencio. Nuestros amigos pensaban que yo no sería capaz de soportar diez días sin hablar y que rompería el silencio mucho antes de finalizar el retiro. Pero cuando llegué a ese lugar, fue todo muy sencillo y pude lograrlo sin ningún tipo de esfuerzo. Lo más maravilloso vino después, cuando terminó el retiro. Estábamos en el aeropuerto y teníamos una larga espera por delante, pero permanecía en nosotros la necesidad de no hablar y de permanecer callados. Aprendí entonces sobre la cantidad de energía que gastamos cuando hablamos y cuánto podemos recargarnos de ella cuando callamos. Por eso, cada tanto, Iana y yo nos tomamos uno o dos días para estar en silencio. Cada uno hace sus actividades; caminamos, observamos el paisaje y nos metemos dentro de nosotros mismos. Mataji nos enseñó que para crecer espiritualmente y evolucionar como persona, se necesita tomarse tiempo para estar solo, guardar silencio y meditar.

129

ASPIRA A LA ECUANIMIDAD DE LA MENTE

El discípulo le pregunta al maestro:

—Oh, Krishna, ¿cuáles son las señales del hombre cuya mente está fija en la meditación? ¿Cómo habla? ¿Cómo se mueve?

Y el maestro le responde:

—Cuando un hombre pone a un lado todos los anhelos que surgen en la mente y se reconforta solamente en el alma, entonces es llamado el hombre de seguro entendimiento.

El que no es perturbado por las penas y no anhela las alegrías, el que está libre de las pasiones, del miedo y de la ira, ése es llamado el asceta de seguro entendimiento.

El que no siente apego en ninguna parte, el que no se alegra ni se entristece ya le sobrevenga un bien o un mal, ése es el hombre de seguro entendimiento.

DEL BHAGAVAD GITA

Gandhi, quien comentó este libro, explica: "Reconfortarse en el Alma significa buscar satisfacción espiritual en nuestro interior y no en los objetos exteriores que por su propia naturaleza nos dan el placer y el dolor. Satisfacción espiritual o suprema felicidad deben ser distinguidas del placer o felicidad corrientes. El placer que puedo obtener de la posesión de riquezas, por ejemplo, es engañoso; la verdadera satisfacción espiritual o perfecta felicidad puede ser alcanzada solamente si uno se eleva por encima de todas las tentaciones, aun en medio de las dificultades y angustias de la pobreza y del hambre".

El hombre que posee una mente equilibrada es como el océano, está completamente pleno y por encima de toda necesidad. Así como los ríos que entran al mar no lo afectan y permanece en el mismo nivel, tampoco las cosas que le llegan le producen cambio alguno al ecuánime, pues siempre permanece igual y se basta a sí mismo.

130

LA SABIDURÍA SE REVELA EN LA ACCIÓN

A unos discípulos que no dejaban de insistirle en que les dijera palabras de sabiduría, el maestro les dijo: "La sabiduría no se expresa en palabras sino que se revela en la acción". Pero cuando les vio metidos en la actividad hasta las cejas, soltó una carcajada y dijo: "Eso no es acción, es movimiento".

ANTHONY DE MELLO, S.J.

Así como a la ecuanimidad de la mente, el ser humano debe aspirar a la habilidad en la acción. Esto significa actuar, hablar y escuchar en el momento justo. Estar atentos a lo que la persona o la situación nos piden en un determinado momento. Muchas veces hacemos un regalo en un momento poco propicio y éste se desperdicia. O hablamos cuando no hace falta y el consejo cae en saco roto. Hay algunas personas que trabajan como hormigas, pero que al final del día no han hecho nada. Y otras, que parecen estar inactivas, pero que logran mucho. Por eso es preferible observar y escuchar lo más posible para hacer las cosas cuando realmente necesitan ser hechas.

131

RECUERDA QUE UN DÍA TÚ TAMBIÉN PARTIRÁS

El ser humano es una inmensa fuerza espiritual apenas contenida en una forma física. Cuando todas sus esperanzas, todos sus deseos, toda su energía, toda su voluntad confluyen y se tornan uno, esta fuerza es liberada en vida, y ni siquiera la muerte del cuerpo puede volver a aprisionarla.

EKNATH EASWARAN

Mataji dice que nos preparamos para desempeñarnos en un empleo, para ir a una fiesta, para dar un examen o para hacer un viaje, pero no nos disponemos para algo que sabemos con toda certeza que en algún momento ocurrirá, y que es nuestra propia muerte. Es como si quisiéramos negarla, como si no nos fuera a suceder, y cuando nos permitimos hablar de ella, lo hacemos asociándola con el sufrimiento y una angustiosa desesperanza. Pero la muerte es una etapa más de nuestra vida. Si hay vida, hay muerte, y si hay muerte también hay vida: ambas están intrínsecamente unidas. Por otra parte, morir no significa desaparecer sino pasar a otro plano. Dejamos aquí la parte material, pero todo lo que hemos pensado, aprendido, actuado y evolucionado, lo llevamos con nosotros.

Al principio, cuando nuestra maestra hablaba de la muerte, me costaba escucharla y yo también me negaba a pensar en ella. Pero de tanto oírla, comencé a pensar en la muerte como en algo que también me iba a pasar a mí. Poco a poco, me fue menos difícil elaborar las pérdidas de aquellos seres queridos que me dejaban. Aunque todavía tengo una asignatura pendiente con el tema de mi propia muerte, estoy aprendiendo a incorporarla y aceptarla.

Al hablar de la muerte, Mataji buscaba prepararnos también para despedirnos de ella. Y nos decía que en lugar de llorar o lamentarse, la mejor manera de mantener a una persona viva es poniendo sus enseñanzas en práctica y difundiendo lo que nos enseñó.

132

ENFRENTA TUS MIEDOS

Hace un tiempo que me vino a ver una joven mujer pidiéndome ayuda, ya que le tenía tanto pánico al avión que no quería hacer un viaje con su familia. Había hecho un curso para superar el temor a volar, pero no había obtenido buenos resultados y seguía tan temerosa como al principio. Entonces le pregunté:

—¿Qué vale más para ti: la seguridad y tranquilidad de quedarte en tu casa mientras que tu esposo y tus hijos disfrutan de sus vacaciones, o la oportunidad de compartir un momento especial con los tuyos, de esos que quedan como recuerdo en el álbum de la memoria y que contribuyen a darle sostén y vitalidad a una familia?

Tenemos que poner en la balanza cuánto es lo que arriesgamos y cuál es el beneficio que obtenemos como resultado. Cuando hacemos la ecuación costo-beneficio, a veces nos damos cuenta de que vale la pena enfrentar ese miedo para ganar una mayor cuota de felicidad.

La mayoría de los logros que hoy disfrutamos los hemos alcanzado gracias a las agallas que tuvimos en algún momento para superar nuestros temores internos. ¡Y cuántos otros todavía no hemos alcanzado por esas actitudes temerosas que no hemos podido dominar! Temores que se nos presentan ante muchas situaciones: un examen, un viaje en subterráneo, en ascensor o en avión, estar en una habitación pequeña o rodeados de mucha gente, enfrentarnos al público, ir a pedir empleo, pedirle algo prestado a alguien, hablar con una persona del sexo opuesto o mantener un diálogo con alguien que nos intimida, estar solo, caminar por una calle oscura: la lista es larga.

El miedo es como una víbora de mil cabezas: cuando se corta una, aparece otra. Los miedos van cambiando de forma, mutando el color, transformando su aspecto, pero están siempre allí. Groseros o sutiles, son algo permanente. Y la única manera de superarlos es enfrentándolos. No hay remedio alguno que lo cure, ni en la farmacopea tradicional ni en la medicina homeopática ni entre las numerosas hierbas de la naturaleza. No hay siquiera un mantra para repetir a diario que sirva para liberarse por completo de los temores que oscurecen nuestra existencia.

Los miedos son un obstáculo que la vida nos pone en el camino, quizás el principal. Pero en realidad a nada habría que temer tanto como al miedo mismo. Por miedo nos conformamos con la mediocridad y la rutina. Por miedo no nos atrevemos a ser nosotros mismos y nos negamos a cumplir nuestros sueños y deseos. Por miedo no nos atrevemos a ser libres y nos convertimos en esclavos. Por miedo nos negamos a avanzar para descubrir nuevos horizontes.

Hay personas que enfrentan el miedo con gracia, otras que se resignan y bajan los brazos antes de entrar en el combate, y aun otras que aceptan su temor pero que a pesar de ello deciden encarar las dificultades, pues saben que el desafío trae sus recompensas. Todos los que han llegado a alcanzar las metas que se propusieron, lo hicieron porque pudieron hacer frente a sus miedos.

Miles de peregrinos se dirigían hacia un santuario. En aquellos días, no se podía manejar o volar, por lo que todos debían caminar. Un caballero, apostado cerca del camino, los observaba. De pronto, vio a un hombre extraño, feo y vulgar. Detuvo al hombre y le preguntó:

—¡Eh! ¿Quién eres? No pareces ser peregrino.

—Señor, ¿cómo puedes verme? Nadie debería darse cuenta de que estoy aquí.

—Eso no importa. El hecho de que esté interrogándote significa que puedo verte. Así, pues, dime: ¿quién eres?

—Soy el Mensajero de la Muerte.

—¿Hacia dónde te diriges?

—Voy al lugar sagrado de peregrinaje.

—Oh, y ¿piensas adorar a Dios allí?

—No, señor, ésa no es mi ocupación. Voy allí a realizar mi trabajo.

—¿Cuál es tu trabajo?

—Dios me ha enviado para quitar algunas vidas. Algunas personas deben dejar sus cuerpos, y la peregrinación es una buena oportunidad para hacerlo. Dadas las malas condiciones, seguramente la gente contraerá enfermedades con facilidad.

—Entonces, ¿qué harás?

—Pues sembraré el cólera…

—¿A cuántos matarás?

—Me han asignado llevarme a cuatrocientas cincuenta personas.

—Bien, si Dios te dijo que lo hicieras, hazlo.

Entonces, la extraña criatura continuó su camino. Luego de que hubo terminado la celebración sagrada, todos los peregrinos volvieron por el mismo camino. Nuevamente, el caballero se hallaba sentado a la vera del camino, observando a los que por allí pasaban. Le preguntó a algunos de ellos:

—¿Cómo fue todo?

—Todo salió bien —respondieron—, pero, desgraciadamente, sobrevino el cólera y acabó con las vidas de muchos.

—¡Oh! ¿Cuánta gente murió?

—Alrededor de mil quinientas personas.

—¡¿Tantas?!

—De eso puede estar seguro.

El caballero pensó que él mismo podría esperar a que pasara el Mensajero de la Muerte y preguntarle qué tenía que decir. Cuando finalmente lo vio, le dijo:

—¡Deténgase! ¿Es usted el mismo hombre que vi en camino al santuario sagrado?

—Sí, señor.

—¿No me dijo usted que iba a la peregrinación a llevarse cuatrocientas cincuenta vidas?

—Sí, así le dije.

—Pero, ¿sabe cuántas murieron?

—Sí, mil quinientas.

—¿Cómo pudo hacer eso? ¡Solamente debía llevar cuatrocientos cincuenta!

—Señor, sólo hice mi trabajo. Me llevé a cuatrocientos cincuenta.

—Entonces, ¿cómo murieron las demás?

—Murieron de miedo.

133

MIRA EL BOSQUE EN SU TOTALIDAD

En una de nuestras escapadas, aquella vez a las Altas Sierras de Córdoba, tuve una oportunidad como pocas de convivir con la naturaleza. Un momento en particular ha quedado grabado profundamente en mí, y que aun habiendo pasado ya mucho tiempo, puedo revivir cuando cierro los ojos y echo a volar mi imaginación.

Era una tibia mañana de invierno. Después de haber compartido el desayuno con Iana, decidí ir a dar una caminata sierras arriba. Era un domingo, muy temprano y los lugareños todavía dormían; sólo algunos perros le ponían un poco de sonido al silencio matinal. Comencé a caminar por el polvoriento sendero de tierra, sin rumbo fijo. A lo lejos, podía ver el monte con su vegetación baja, seca y espinosa; en medio de los matorrales pastaba alguna que otra vaca. Después de haber andado un buen rato, encontré una roca a un costado del camino, de unos dos metros de altura. Tuve el deseo de subirme a ella y entonces trepé, como cuando era un niño. Gracias a la altura del cerro en que me encontraba, observé un vasto paisaje a mi alrededor, protegiéndome los ojos con la mano apoyada sobre la frente, ya que el sol comenzaba a despuntar sobre la sierra. Era hermoso ver cómo tierra y cielo se confundían, sin rastro alguno de civilización humana. Los pájaros volaban a mi alrededor y, fuera de su ocasional trinar, el silencio era absoluto. Permanecí un buen rato allí, en contemplación. En determinado momento cerré los ojos, traté de apagar mis sentidos lo más posible; apenas podía advertir el aire fresco que movía mi camisa y el sol que entibiaba mi cuerpo. Me embargó la sensación de que yo era parte de ese cuadro, que estaba de alguna manera, invisible por cierto, unido a esa naturaleza que me rodeaba. En ese instante, una profunda paz y armonía se apoderó de mí. No sé cuánto tiempo pasó, mejor dicho no sé si el tiempo pasó; lo único que puedo decir es que me sentí incorporado a la roca sobre la cual estaba sentado; percibí que dicha piedra era parte esencial de todo aquello que me rodeaba y tuve por primera vez la convicción de tener los pies en la Tierra y el corazón en el Cielo. Me sentía con los pies en la Tierra porque soy parte de esta materia y naturaleza que me rodea, un hombre que necesita comer y trabajar, que tiene sus obligaciones, que ríe, pero que también puede sufrir; que a veces camina, que en ocasiones corre y que en otras se aquieta. Al mismo tiempo, mi corazón estaba en el Cielo, pues no somos solamente materia; también somos espíritu y cada uno de nosotros alberga la esencia de la chispa de la divinidad. Me sentí por primera vez como un ser total y en unión con todo lo me rodea.

Pasada esta experiencia, vinieron a mi mente las palabras de un maestro de meditación: "Cuando el meditante y el proceso de meditación se funden con el objeto de meditación, es en este momento cuando se está meditando".

Había percibido que formaba parte de ese cuadro y que no había nada fuera de mí. El hecho de salir al campo, caminar por la sierra y colocarme sobre la roca, me permitió salir de la visión parcial en la que estaba sumido y ver la totalidad del bosque de mi vida. Cuando la mente se aquieta, encontramos la paz. Cuando encontramos la paz, hallamos claridad para tomar decisiones vitales sobre nuestra existencia.

Así como todo lo que comienza termina, también nosotros estamos llegando al final de nuestro encuentro y espero, desde lo más profundo de mi ser, que los lectores de estas páginas hayan podido rescatar algunas enseñanzas y que éstas los ayuden a mejorar su calidad de vida, como lo han hecho conmigo. Hasta nuestro próximo encuentro. Y que la Luz, el Amor y la Paz estén siempre presentes en nuestros caminos.

Bibliografía

Bhagavad- Gita de acuerdo a Gandhi, Editorial Kier, Buenos *Aires*, 1994.

Cartas por la Tierra, Colección Clásicos de Bolsillo, Errepar-Longseller, Buenos Aires, 2000.

De Mello,Anthony, *Ser feliz contigo mismo*, Indigo, Barcelona, 1998.

Devi, Indra, *Yoga - Por siempre joven, por siempre sano*, Javier Vergara Editor, Buenos *Aires*, 1998.

Devi, Indra, *Las enseñanzas de Indra Devi*, Editorial Sudamericana, Buenos *Aires*, 1999.

Devi Indra, *Una mujer de tres siglos*, Editorial Sudamericana, Buenos Aires, 2000.

Easwaran, Eknath, *Gandhi the Man*, Nilgiri Press, Tomales, California, 1997.

Fischer, Louis, *Gandhi, Javier* Vergara Editor, Buenos *Aires*, 2000.

Fisher, Robert, *El caballero de la armadura oxidada*, Ediciones Obelisco, Barcelona, 1994.

Hay, Louise L., *El poder está dentro de ti*, Urano, Barcelona, 1995.

Heider, John, *El Tao de los líderes*, Nuevo Extremo, Buenos Aires, 1999.

Peacemaking Day by Day, Pax Christi, Londres, 1990.

Lostado, Darío, *¿Quién puede hacer que amanezca?*, Sal Terrae, Santander, 1992.

Satchidananda, Sri Swami, *Gems of Wísdom*, Integral Yoga. Publications, Buckingham, 1988.
Satchidananda, Sri Swami, *Guru and Dísciple*, Integral Yoga. Publications, Buckingham, 1979.

Se ha realizado un cuidadoso esfuerzo por buscar la autoría de algunos de los textos incluidos en esta obra para así otorgarles el debido crédito a sus titulares. Si se ha cometido algún error u omisión, ha sido totalmente involuntario y me agradaría realizar las correcciones pertinentes en futuras ediciones. Para ello, agradeceré se envíe notificación por escrito al editor: Ediciones B Argentina, Departamento Editorial, Paseo Colón 221, 6° piso, (1399) Buenos Aires, Argentina.

EL AUTOR

Índice

Segunda Parte
SI TÚ CAMBIAS, CAMBIARÁ EL MUNDO

Tercera Parte
BUSCA LA FELICIDAD DENTRO DE TI

Cuarta Parte
APRENDE A CONVIVIR EN ARMONÍA

Quinta Parte
ALIMENTA TU VIDA ESPIRITUAL

Sexta Parte
LA VIDA
ES UNA OPORTUNIDAD,
¡APROVÉCHALA!

Séptima Parte
AMA PROFUNDA Y APASIONADAMENTE

Octava Parte
SÉ COMPASIVO TAMBIÉN CONTIGO MISMO

Novena Parte
PROCURA HACER SILENCIO EN TU INTERIOR